U0927417

笑得甜的人

运气都不会太坏

I L O N A B O N I W E L L

[英] 伊奥娜 · 博尼韦尔（ILONA BONIWELL）著 李磊 译

POSITIVE PSYCHOLOGY IN A NUTSHELL

CNS PUBLISHING & MEDIA 中南出版传媒
湖南文艺出版社 HUNAN LITERATURE AND ART PUBLISHING HOUSE
博集天卷 CS-BOOKY

人人都能读懂的积极心理学

伊奥娜·博尼韦尔博士（Dr Ilona Boniwell）被公认为欧洲积极心理学界顶级研究员、伟大的创新者和思想家，所有想要探索幸福生活秘诀的人都能从《笑得甜的人，运气都不会太坏》一书中获益良多。这本精彩纷呈的小书提供了许多科学证据，告诉人们幸福生活的秘方。读读这本书，学学如何让生活变得更美好吧！

——塞西莉亚·德费利斯博士（Dr Cecilia d’Felice），心理学顾问、杂志作者与专栏作家

《笑得甜的人，运气都不会太坏》堪称书之瑰宝，行文优美迷人，字里行间不时流露出作者作为备受信赖的心理学教师对于积极心理学当代理论、学科知识、拓展研究等各方面的全面掌握。本书绝对是积极心理学"必读"书目，必将受到所有立志投身于该项事业的人的欢迎。

——理查德·惠特菲尔德（Richard Whitfield），人类发展专家、教育家、诗人、"面对面"信托理事会主席

这本书是你能读到的最好的介绍积极心理学的书籍，是每一个教育以及医疗行业从业者都“必读”的书目。

——安东尼·塞尔登博士（Dr Anthony Seldon），英国伯克郡威灵顿大学研究生

《笑得甜的人，运气都不会太坏》对积极心理学做了全面、亲民、体贴的介绍与评论。简单说来，在市面上所有介绍积极心理学的书籍中，这本书是最好的，能够帮你轻松玩转积极心理学。没有心理学背景的人会觉得这本书很棒，介绍了许多有用的信息；专业人士会觉得这本书对积极心理学做出了可靠的概述与评论。

——卡罗尔·考夫曼博士（Dr Carol Kauffman），美国哈佛大学医学院积极心理学促进会联合创始人、培训主管

《笑得甜的人，运气都不会太坏》是目前为止最好的介绍积极心理学的书籍，不论你是门外汉还是专业人士，都会喜欢这本书。

——卡罗尔·克雷格博士（Dr Carol Craig），英国格拉斯哥市自信与康乐中心行政总裁

这本书主要是以浅显易懂的方式介绍积极心理学——在此方面，这本书做得实在是棒极了。如果你想要了解蓬勃发展的积极心理学，就阅读这本书吧……它适用于所有的人：不论你是心理学专业的学生，还是任何一个想要了解这一领域的人。

——本·C.弗莱切教授（Professor Ben C. Fletcher），英国赫特福德郡大学

简而言之，这本介绍积极心理学的书籍充满智慧，结构平衡，令人无法抗拒，阅读本书时我简直都不忍将其放下。

——肖恩·卡梅伦博士（Dr Sean Cameron），英国伦敦大学教育心理学联职主任、医学博士

伊奥娜·博尼韦尔博士的《笑得甜的人，运气都不会太坏》一书行文优美，对于积极心理学这一快速发展的新兴心理学学派给出了清晰、翔实的解释，本书是我向学生、应用心理学家、研究人员以及所有有意研究这一领域者的推荐首选！

——伊尔文·S.格施教授（Professor Irvine S. Gersch），英国东伦敦大学教育心理学项目主管

目录

CONTENTS

创作缘由

作为欧洲积极心理学网的创始人、欧洲首批应用积极心理学硕士中的佼佼者、积极心理学研究员，我经常受邀在各种场合以讲座的形式向人们介绍积极心理学，或组织研讨会对积极心理学进行讨论。我曾经为本科生、研究生、经理人、健康专家、教育从业者，以及社会大众做讲座，向他们介绍积极心理学。我的讲座往往能够激发听众对这一领域的巨大兴趣与热情，他们总是会问："我想进一步了解积极心理学，接下来该做些什么、读些什么呢？"这时，我会拿起足足有709页之厚的《牛津积极心理学手册》（*Oxford Handbook of Positive Psychology*）向听众们展示。对此，人们面面相觑，陷入沉默，只有不时传来的几声嬉笑打破尴尬。然后，我拿起598页之厚的《积极心理学实践：人类力量的科学实践探索》（*Positive Psychology in Practice: The Scientific and Practical Explorations of Human Strengths*）——这也没令情况产生多大好转。最后，我拿出由我和凯特·赫弗伦（Kate Hefferon）合著的只有270页的《积极心理学：理论、研究与应用》（*Positive Psychology: Theory, Research and Applications*）。此时，差不多有三分之一的听众如释重负，长舒一口气。然而，对于另外三分之二的听众，即使是这本书也太困难了——在这个信息爆炸的时代，他们根本无法去阅读一本心理学专业本科生的教科书！

这就是我写作本书的缘由——为对心理学感兴趣的非专业人士写一本简明又不失全面的书籍，向他们介绍积极心理学。尽管这本书里也有些“实战技巧”，但它绝不是一本自助类书籍。在这本书中，我尽力客观中肯地向读者介绍什么是积极心理学，什么不是积极心理学，积极心理学的优势是什么，劣势又是什么。这本书介绍了积极心理学的诸多成就以及发现，但同时也不忘介绍心理学领域中对于积极心理学存在的诸多争议。

本书内容多来自于我多年阅读相关书籍和专业论文、参加学术会议、与顶级学者交流、从事科学研究等的学术积累，也包括了我与同事和朋友的讨论、学生和听众的提问。通过这种将概念思考、研究成果与公众常识结合起来的方式，我希望能为人们了解积极心理学提供一个轻松又不失完整的视角。

第三版前言

本书首版问世已有六载，再版问世也过了四年，积极心理学如今正变得更加强大。到2012年，美国、欧洲的大学中有成百上千个积极心理学专业本科生班级；在哈佛，积极心理学是最热门的课程，每学期吸引千余位学生参与学习。如今，美国宾夕法尼亚大学和英国东伦敦大学开设应用积极心理学研究生课程，吸引众多有志于进一步了解、研究、实践积极心理学的学生继续深造，而在世界其他国家，许多学校也在积极筹备应用积极心理学的研究生课程。并且，现在积极心理学也不再仅仅以其发源地美国费城为据点，而是通过国际积极心理学协会，将世界各地一大批心理学家以及积极心理学从业者团结了起来。

令我惊讶以及开心的是，读者们非常喜欢这本书的前两个版本，本书常年盘踞英国亚马逊网站积极心理学类书籍的榜首。许多教师也在他们的课程中使用本书作为教材，因此我收到了许多来自不同领域的学生与专家对本书的好评。我去参加会议或活动时，经常会有陌生人走过来告诉我他们有多么喜欢这本书（英国议会做出的一份报告中竟然也提到过这本书）。

现在，又值再版重印，我在本书第三版中添加了第二版中缺少的诸多部分。比如，现在谈论积极心理学时，我们必定会涉及对于精神状态与适应力的研究；此外，我们现在对于金钱与幸福的关系、自我实现的幸福、平衡的时间观等诸多方面有了更进一步的认识；再次，随着积极心理学领域出版物和网络资源的爆炸式发展，拓展材料推荐这一版块也得到了极大的充实。

致谢词

我诚挚地感谢积极心理学领域里的诸多朋友与同事，感谢他们对本书做出的直接或间接的贡献（友好的讨论、信件往来，以及过去八年来我从欧洲积极心理学网得到的支持与帮助）。我要感谢：菲利普·津巴多（Philip Zimbardo）、安妮塔·罗杰斯（Anita Rogers）、艾利克斯·林利（Alex Linley）、简·亨利（Jane Henry）、伊奥娜·罗斯（Ilona Roth）、苏珊·大卫（Susan David）、蒂姆·利本（Tim LeBon）、维罗妮卡·胡塔（Veronika Huta）、詹姆斯·帕维尔斯基（James Pawelski）、芭芭拉·弗莱德里克森（Barbara Fredrickson）、安东内拉·德利·费邬（Antonella Delle Fave）、菲利希亚·于佩尔（Felicia Huppert）、马丁·塞利格曼（Martin Seligman）、克里斯·皮特森（Chris Peterson）、乔治·瓦利恩特（George Vaillant）、爱德华·迪纳（Edward Diener）、米哈里·契克森米哈伊（Mihaly Csikszentmihalyi）以及希拉·卡尼（Sheila Kearney）。

注 在正式开始阅读本书前，请允许我最后提醒一点：尽管在本书中的多个地方我都使用“他或她”来表示某个人/个体，但在本书的其他一些地方，“他或她”是随机使用的，这并无任何性别歧视之意，只是出于文章写作的方便考虑。

第一章

何为积极心理学

笑得甜的人，运气都不会太坏

POSITIVE PSYCHOLOGY IN A NUTSHELL

The science of happiness

此前，你可能在电视、广播甚至时尚杂志上看到或听到过“积极心理学”一词，但是，积极心理学究竟是什么呢？它又代表着什么呢？积极心理学是研究人类生活中积极方面（如幸福、快乐、繁荣兴旺等）的学问。正如其创始人马丁·塞利格曼（Martin Seligman）在其与米哈里·契克森米哈伊合著的《积极心理学导论》一书中所言：积极心理学是“对于最优人类机能的科学研究，旨在发现并促进那些能够令个体和群体都繁荣兴旺的要素”。

以往，心理学往往更关注个体的缺陷，而非潜力，而积极心理学强调的却是人的潜力。它并不是要修复人的某种缺陷、问题，而是转而研究和关注那些令生命更有价值的事物。举个例子简单来说，积极心理学并不关心如何将幸福指数从-8提高到-2——它关注的是如何将幸福指数从+2提高到+8。

积极心理学差不多是在14年前创立、兴起的，此后得到了非常迅速的发展，积极心理学志在将实验法研究引入到幸福、沉浸、优势、智慧、创造力、心理健康、积极群体及机构特点等领域中来。下页的图片展示了积极心理学家们关注的主题，这张图当然无法包括所有的主题，但是它能很好地帮助你对积极心理学的研究领域进行一个全面的了解，并帮助你对即将在本书中读到的诸多内容建立整体性认识。

积极心理学的三个层面

积极心理学研究可以分为三个层面：主观层面、个人层面和群体或社区层面。

主观（Subjective）层面主要包括对积极主观体验的研究，如对喜悦、快乐、满足、幸福、乐观、沉浸感等体验的研究。这个层面主要针

训练
动力与目标理论
积极治疗
心理的幸福
幸福和主观幸福
“实现”法
应用积极心理学
积极教育
“享乐”法
心态
积极的商业
时间的心理学
流畅
积极的情绪
积极地变老
应对选择
情绪
积极心理学
积极应对
幽默
创造性
运动
情绪化
智慧与知识
创伤后成长
适应性
爱与人道
力量与美德
节制
超越
正义
勇气

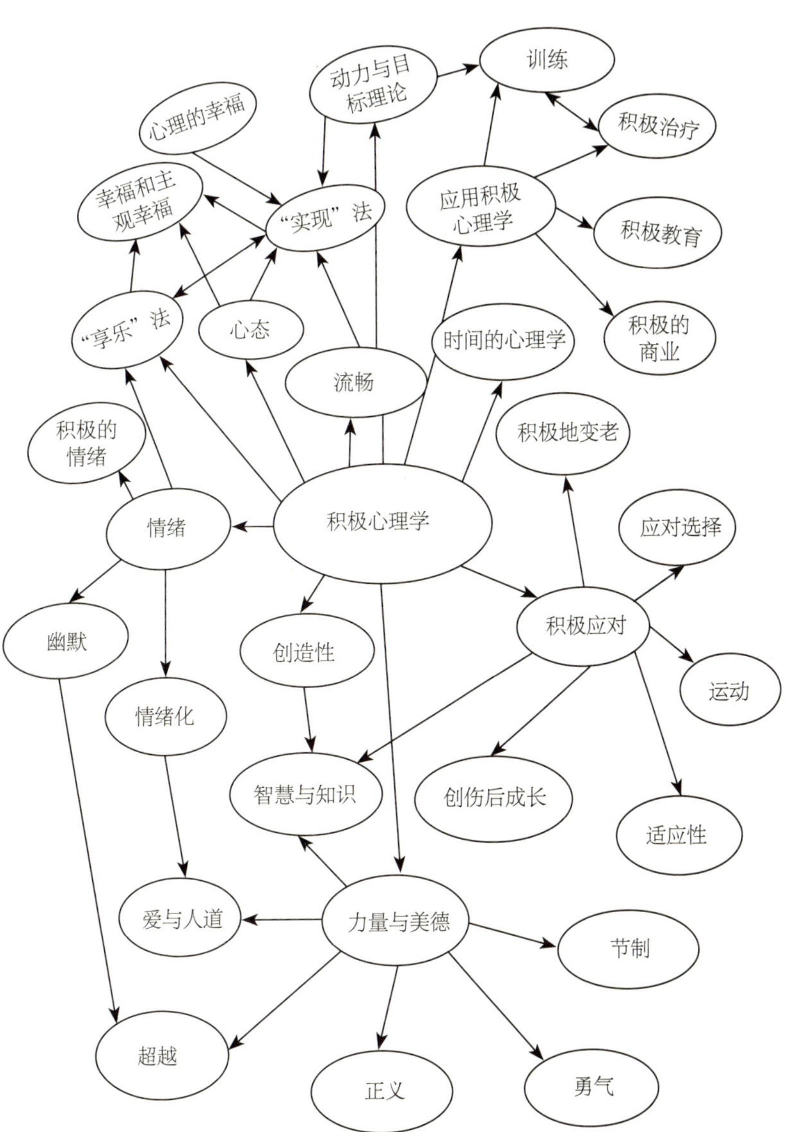

积极心理学的心灵地图

对的是人们好的感受，而不是好的行为或者如何做一个好人。

个人（Individual）层面则致力于探索“好生活”的组成部分，以及人之所以成为“好人”的个人特质。这个层面主要是通过研究人类的优势与美德、关注未来、爱的能力、勇气、毅力、宽容、创造性、智慧、人际交往技巧和天赋等特质而进行的。

最后，群体或社区（Group or Community）层面主要研究公民美德、社会责任、教育培养、利他主义、文明礼貌、宽容忍让、工作道德、积极机制等，这些要素都有助于公民意识的养成、社区的发展，并能帮助人们超越自我。这一层面更关注的是如何鼓励人们对一些超越自身之外的事情采取措施，做出积极行为。

本书将主要侧重积极心理学的前两个层面，即主观层面和个人层面。不过，本书第十四章中对于第三个层面（群体或社区层面）也有所涉及。

∞ 为什么心理学要积极?

根据某些积极心理学家的说法，主流心理学（有时也作“一般的心理学”）更关注人类生活中的那些消极方面。其实，一直以来，对于创造性、乐观、智慧等积极主题的关注和兴趣是一点也不少的，只不过，此前没有什么大的理论或者框架可以将它们结合起来。其实，心理学的发展如此消极，这根本不是历史上首位心理学家的初衷，而是历史意外的产物。第二次世界大战前，心理学家们有三个任务：治疗心理疾病，提高日常生活质量，发现和培养高水平人才。但是，第二次世界大战后，后两个任务没有了，心理学家们只关注第一个任务（Seligman & Csikszentmihalyi，2000）。这是为什么呢？原来，心理学这门学科很大程度上依赖政府资金的支持，因此，第二次世界大战后，我们不难想象政府紧缩了对于心理学研究的资源投入。当然，我们其实也可以理解，面对一场如此大规模的人类危机，所有有效资源都被应用到对于心理疾病和心理治疗的研究探索中了。

这就是为什么一般的心理学是在疾病模式（Disease Model）下运作的。事实证明，这一模式非常有效。塞利格曼高度认可这一模式的成功——比方说，发现了成功治疗14种此前无法医治的心理疾病（包括抑郁、人格障碍、焦虑症等）的方法。但是，采取这种疾病模式的弊端也不容小觑，其中包括：人们消极地认为心理学家就是“受害者研究专家”和“病理学专家”，认定他们自己无法提高日常生活质量，无法发现和培养高水平人才。打个比方说，如果你跟你的好朋友说要去看心理医生，他们的反应很可能是：“你怎么了？”你绝对听不到这样的话：“太好了！你准备要去自我提升一下？”

许多心理学家承认，他们对于如何使生活充实有意义、如何使普通人在一般情况下（而非极端情况下）成长发展等问题知之甚少。事实上，我们对好生活的认识并不比那些自助达人强多少。但是，难道我们不应该对此有更多的了解吗？纯疾病模式的心理学原理已经不能满足当代社会的需要了。也许，现在是时候对此做出改变了，分配资源用以研究普通人和成功人士，而不是仅仅研究那些需要帮助的人。也许，现在是时候研究人的能力与天赋、高水平的成就（各个方面的成就），自我提升的最好方式和方法、工作成功、感情顺利的秘诀，以及世界各地普通人的生活的艺术。这些，就是积极心理学诞生背后的原因。

然而，积极心理学还是心理学，它们都采取同样的科学方法，只是研究的主题不同（积极心理学的主题往往更有趣），提出的问题也有所不同——比方说，积极心理学提出的问题是“什么有用”，而不是“什么不管用”；“这个人有哪些优点”，而不是“这个人哪里不对劲”。

我们不是在炒冷饭吗?

积极心理学强调自己是一门新的、思想前沿的学科。思想前沿这点没错，但是，其实积极心理学这个概念可一点都不新鲜。积极心理学的根源可以一直追溯到古希腊哲学家亚里士多德（Aristotle），亚里士多德相信，每个人心中都有一种独特的精神，引导他们追寻自己认为正确的东西；遵从这一精神的指引，人们就能获得幸福。由此以降，成百上千位伟大的思想家都研究过这一问题，并由此产生了许多理论，如强调个人享乐的享乐主义、追求大多数人最大幸福指数的功利主义。

尽管西方哲学思想无疑对积极心理学产生了巨大的影响，但印度教、佛教等东方传统思想对积极心理学的影响也不容忽视，佛教有许多途径、方法来培养人们积极的情绪。现在，其中的很多方法和技巧（如瑜伽、正念、冥想等）都在积极心理学中占据着重要的位置，接受着各种科学的对照研究。

20世纪，许多伟大的心理学家对日后成为积极心理学重要组成部分的主题投以关注。这些伟大的心理学家包括：提出“个性化”（或“成为你所能成为的自己”）理念的卡尔·荣格（Carl Jung）（Jung，1933）；专注于对积极心理健康进行定义的玛利亚·贾荷达（Maria Jahoda）（Jahoda，1958）；以及对个人成熟一直很感兴趣的戈登·奥尔波特（Gordon Allport）（Allport，1955）。但是，繁荣与幸福感这一概念却是由研究预防理论的作品（如Cowen等，1967）以及研究提升幸福水平的作品（Cowen，1994）首先提出的。不过，最著名的积极心理学先驱其实是人本主义心理学运动。人本主义心理学运动开始于20世纪50年代，在六七十年代达到顶峰，这一运动特别强调个体的成长与个体的真实自我。人本主义心理学家批判那些从病理学角度入手研究人类的方法，这些人本主义心理学家中，最著名的就是引入“真正完善的人”这一理念的卡尔·罗杰斯（Carl Rogers），以及关注自我实现的亚伯拉罕·马斯洛（Abraham Maslow）。实际上，马斯洛是使用“积极心理学”这一术语的第一人。

然而，人本主义心理学家不仅抗拒主流的消极的心理学范例，而且还相信所谓的“科学方法”（有助于对分子和原子进行研究的科学方法）并不能帮助人们理解人类的复杂性——他们主张进行定性研究而

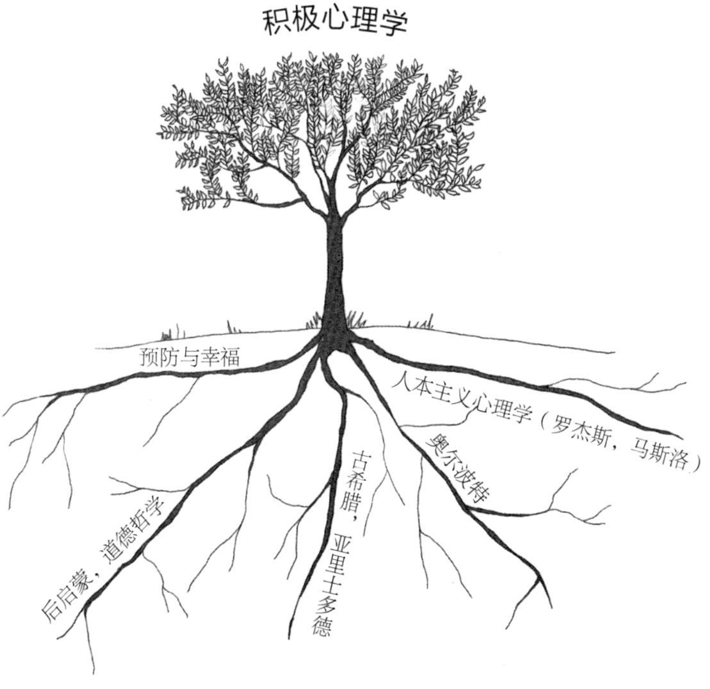

积极心理学的根源

非定量（统计学的，数据处理）研究。这一点是积极心理学家与前人最大的区别：积极心理学认为，人本主义心理学质疑经验法没有科学基础，根本立不住脚。与人本主义者相反，尽管积极心理学家反对主流的对于心理学的消极预设，他们却相信主流的科学范例方法。因此，在研究方法上，积极心理学与人本主义心理学截然不同（Peterson& Seligman，2004），但是，在研究内容和主题上，两者却惊人的相似。积极心理学一直认为自己是一个新兴的学科，总是试图与其来源划清界限——真不知道这是错还是对。

拓展阅读

Gable，S. L.，& Haidt，J. （2005）. What （and why）is positive psychology? *Review of General Psychology*，9，103-110.

Seligman，M.E.P.，& Csikszentmihalyi，M. （2000）. Positive psychology：An Introduction. *American Psychologist*，55，5-14.

第二章

好心情才会有好运气

笑得甜的人，运气都不会太坏

POSITIVE PSYCHOLOGY IN A NUTSHELL

The science of happiness

“情绪”这个词可是出了名的难定义，正如费尔（Fehr）和罗素（Russell）所言：“所有人都知道什么是情绪，但是要想给情绪下个定义，那可是能难住所有人。”（Oatley & Jenkins，1996：96）但是，我们还是整天用这个词，并且看上去好像都能理解它在我们的生活中跟什么联系在一起。心理学家经常使用情感（affect）[①]这一概念来涵盖各种各样积极或消极的情绪、感受以及心情，在日常生活中，我们经常能感受到这些情绪、感受和心情，并且能够轻易辨别它们。在这一章中，我主要探讨积极心理学框架下两个常用的情感性主题（affective topics）——积极情绪和情商。

积极情绪的价值

多年来，心理学关注的主要是对抑郁、悲伤、愤怒、压力、焦虑等消极情绪、消极情感的研究。不用说，心理学家们对它们非常感兴趣，因为它们往往能够帮助其了解心理失调现象，或证明心理失调现象的存在。然而，积极的情绪却并不那么受人关注，因为人们对积极情感有着种种根深蒂固的误解。比如说，人们往往会觉得，积极情感本身非常容易影响、打乱人类有效的思考，积极的情绪不知怎么的总是很“简单”，因为积极情绪往往持续时间短，因此它很难对人产生长久的影响。研究表明，以上对于积极情绪的认识是错误的，但是人们花了很长时间才意识到这个问题（Isen，2002）。其实，也就是在近几年，心理学家们才意识到积极情绪本身也具有很高的价值，并开始着手研究它。

芭芭拉·弗雷德里克森（Barbara Fredrickson）促进了心理学家们对积极情绪的认识觉醒，她几乎将自己的学术生命完全投注于对积极情绪的研究中来，探索积极情绪的力量。此前，我们早就知道消极情绪的功能了。在人类进化的过程中，像焦虑、愤怒这样的消极情绪是与特定行动方式等适应性行为（如“斗和逃”反应）联系在一起的。如果我们的祖先不具备像消极情绪一样的有效情绪工具，说不定也就没有了现在的我们。而且，消极情绪还帮助我们减少了行动时的规定动作（或实际行为）——比如，在遇到危险紧急逃离时，我们不会去欣赏美丽的落日，如此，消极情绪帮助我们最大限度地减少了危险发生时我们可能受到的各种干扰。然而，积极情绪却并不能与某些特定的行动方式联系起来。那么，除了能让我们感觉良好之外，积极情绪还有哪些好处呢？开心、快乐、深情或狂喜，它们究竟有什么好处呢？

芭芭拉·弗雷德里克森提出一套关于积极情绪的“拓延-构建”理论（Broaden-and-build Theory），她告诉我们：积极的情感体验有助于个人的成长，并对个人成长、发展起着长期有效的作用（Fredrickson，2001）。积极情绪的具体作用如下：

- **积极情绪拓展我们的思维**

首先，积极情绪能够令我们的关注更广泛、思想更开明，这就能令我们产生多种多样更积极的思想。当我们正体验着开心或感兴趣等积极的情绪时，我们会变得更加有创造力，我们会得到更多的机会，更易于与别人建立良好的关系，更愿意去游戏玩乐，更灵活开明。

- **积极情绪帮助我们摆脱消极情绪**

我们很难同时体验积极情绪和消极情绪这两种截然不同的情绪，因此，当你感觉情绪非常消极时，不妨刻意营造一点积极情绪，这可以帮助你摆脱消极情绪的持久影响——适度的开心、满足可以帮助你减少心理上的压力。

- **积极情绪帮助提高我们的适应性**

开心、快乐、满足、满意、友情、爱、感情……这些积极的情绪都能够帮助我们提高自己的适应性以及处理事情的能力，与此相反，消极情绪则降低我们的适应能力。积极情绪能够帮助我们提高面对问题时的处理能力、反思能力，或者赋予消极事件以积极正面的意义，这些都能够帮助我们在遭遇挫折后尽快恢复。

- **积极情绪帮助我们建立心理套路**

尽管积极情绪本身持续时间不长，但它能够帮助我们构建长期有效的身体、智力、社会和心理资源。比方说，与玩乐相联系的积极情绪能帮助我们提高身体机能，与朋友在一起的开心时刻能帮助我们提高社交能力。

- **积极情绪帮助激发螺旋式向上发展**

就像消极情绪能够激发抑郁的螺旋式向下发展，积极情绪也能激发螺旋式向上发展，提高情绪健康水平，帮助人们变成更好的自己。

“拓延－构建”理论敦促我们，不要把积极情绪看作更好生活的结果，而是将其看作帮助我们通向更好生活的方法。积极情绪和那些简单的感官快乐不同，它与你吃一个巧克力冰激凌、喝杯啤酒、嗑点药或者来次按摩时获得的那种感官享受不一样。这些感官享受根本不是积极情绪，因为它们无法帮助我们积累长期有效的个人资源。

技巧与方法

如何培养积极情绪

要培养满足感，可以从事一些轻松的活动，如渐进式肌肉放松、瑜伽、图像训练。冥想能帮你达到“正念”（mindfulness）状态，这会带来许多其他的好处。

许多有趣的研究都向我们证明积极情绪的好处。其中，有一个研究主要针对不幸痛失生活伴侣的人群。研究人员发现，通过研究人们的大笑与杜兴式微笑（发自内心的笑，嘴角上扬，眼角周围肌肤变皱）可以预测他们伤痛持续的时间。那些发自内心大笑或微笑的人往往在两年半后就重新开始投入新的感情，开始新生活，而其他人则在两年半后依然感到愤怒。

有一本颇为著名的年鉴，它跟踪记录了一群在1965年进入一所女子学校的女生的生活。根据她们在照片中微笑时的表现，这些女生被分为不同的类别。研究表明，那些真诚微笑的女生往往心态更积极、更有能力、更受欢迎，在日后的生活中也更幸福。尽管后续的、采取相仿分类方法的实验并没能对上述实验结果再次予以证明，但近年来许多实验却证明，如果一个人在孩童时期的照片中都不见笑容，那么他将来结婚后十有八九会离婚。另一个研究则发现，当医生的情绪积极时，他的诊断的正确率更高。

技巧与方法

找到积极的意义

我们无法强迫自己产生某种特定的情绪，其他任何人也无法让我们产生某种特定情绪。即使你参加了某一个令人愉快的活动，这也不能保证你一定能够由此获得积极的情绪，因为情绪如何其实主要是由我们自己的理解所决定的。我们能做的，是用积极的词汇重构日常事物，或者寻找日常活动的积极价值，从中找到积极的意义。

不要一竿子打死——消极情绪的积极影响

那么，我们需要多少积极情绪才能真正成为幸福向上的人？当积极情绪对消极情绪的比例差不多3:1或更高时，一个人就能快乐向上；而当这个比例低于3:1（比方说积极情绪对消极情绪的比例是2:1）时，一个人就会萎靡不振。所以，你一定要确保，当自己有了一种消极的情绪时，你就要有至少三种积极的情绪。但是，要注意：过犹不及。当积极情绪对消极情绪的比例高于8:1时，往往会产生反作用。

积极情绪无疑能帮助我们走上通往幸福快乐的康庄大道，但这并不意味着消极情绪就无关紧要。尽管你情绪消极时，感觉不大好，但是，消极情绪其实也能产生非常积极的作用，以下几条就是消极情绪的好处：

- 消极情绪可以帮助激发人基本性格的改变。顶级情绪专家理查德·拉扎勒斯（Richard Lazarus）写道：“对于已经定型的成年人来说，只有遇到巨大精神创伤或改变信仰时，他们才会转变性格。”

- 消极情绪可以引领我们不断深入，与我们深层的自我进行沟通。
- 消极情绪有助于人们学习了解自己、了解世界。智慧往往是由痛苦、失败等人生经历积累而来的（Young-Eisendrath，2003）。
- 最后，经历并处理消极情绪可以产生积极的社会效应，如让人变得谦虚、有道德、关爱他人、善解人意。

一些学者认为，简单地把所有的情绪归为积极、消极两类，这样的做法有很大的问题。比方说，“希望”就是由“对美好结果的渴望”与“愿望落空的焦虑”这两方面组合而成，那么，希望算是一种什么样的情绪呢——积极的还是消极的？“自豪”在西方社会往往被认为是一种积极的情绪，但在一些强调集体主义的国家中却被认为是一种罪过。当我们提到积极情绪时，“爱”往往是第一个进入我们脑海的词，但是，当爱并没有得到回应时，它可就不积极了。当微笑或大笑是特别针对某个人时，它们还能算积极的情绪吗？当我们试图理解自己的情绪时，我们应当特别注意：积极还是消极，这往往要看情绪产生的背景。

情商

情商（Emotional Intelligence：EQ）一词广为人知，主要得力于丹尼尔·戈尔曼在其畅销作品《情商：它为什么比智商更重要》（*Emotional Intelligence：Why it can Matter More than IQ*）中的大力推广（虽然情商一词其实不是戈尔曼首创的）。学者约翰·梅尔（John Mayer）和彼得·萨洛维（Peter Salovey）此前就一直致力于对情商的研究，他们当时完全没有想到，自己允许戈尔曼使用“情商”一词竟会产生这样的后果：人们误以为戈尔曼才是“情商之父”。

情商指的是识别和控制自己以及周围的情绪能力。很多人认为，相对于智商（IQ）而言，情商更有助于人们功成名就，达成目标。

随着情商现象的愈发普遍，越来越多的人对情商这一概念进行了研究、探索，结果，研究者们建立了各不相同的情商模型。在这里，我主要以相对更完整健全的梅尔-萨洛维-卡罗素模型（Mayer-Salovey-Caruso model）为例进行介绍。根据这一模型理论，情商有四个主要的分支或方面。

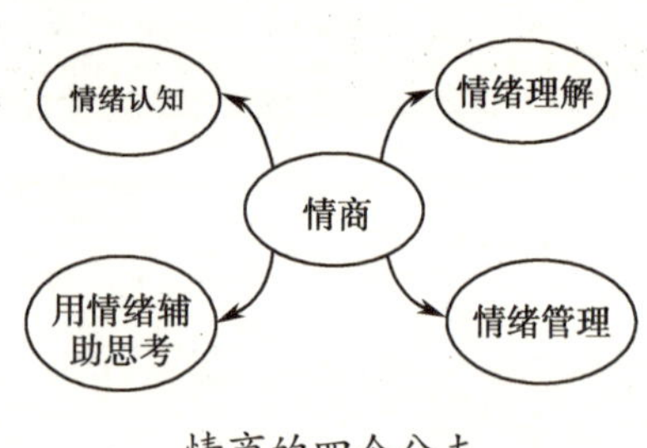

情商的四个分支

- **情绪认知**

这是一种通过面部表情、声音语调甚至艺术作品来识别情绪的能力。擅长认知自己以及他人情绪的人在社会活动中往往占据一定的优势，因为他们往往更容易从别人的角度理解事物，更通情达理、善解人意。

- **用情绪辅助思考**

情绪可以改变我们的思维方式。我们快乐时，往往会觉得一切皆有可能；悲伤时，则更容易产生消极的想法。这一个分支主要研究的是情绪如何影响思考，我们怎样利用自己的情绪更有效地解决问题、推理、决策、创造。

- **情绪理解**

仅仅注意到情绪，这还远远不够——我们需要理解情绪所表达的含义。我们为什么会有某些情绪？这些情绪从何而来？它们将把我们引向何处？比方说，我们有必要认识到，烦恼能导致愤怒，不安全感可能会导致意想不到的情绪爆发。情商高的人能够使用恰当的词语将情绪归类，并能够理解复杂的感受，甚至是截然相反的情绪状态。

- **情绪管理**

情绪管理或控制并不是要我们消除负面情绪（没有了它们的话，生活可就没意思了），而是要我们学习如何控制它们。有些人一心烦就认为自己无论做什么心情都好不起来，而另一些人则相信他们可以让自己心情更好一些。成功的情绪管理者有时候还能帮助别人处理情绪。

技巧与方法

情绪意识的自我监控

记心情日记，监控影响你心情的元素。记录下:

- 使你心情产生变化的逆境;
- 使你心情产生变化的信念;
- 从1到10，为你转变后的情绪打分。

以上方法会帮助你理解自己的情绪，对情绪产生一定的掌控力（Carr，2004）。此外，你还可以尝试以下两种方法，转变那些使你情绪低落的想法。

- 试着从不同的角度看待逆境，然后注意……
- 从1到10，你的情绪改变了多少?

技巧与方法

情绪管理——好办法

- 精力支出（如锻炼身体）

- 认知努力（如给自己鼓劲打气）
- 主动情绪管理（如放松和听音乐）
- 社交
- 消遣娱乐（如个人兴趣爱好、逛街购物、处理琐事、整理杂物）

情绪管理——坏方法

- 直接减压（如毒品、酒精）
- 回避令自己情绪不佳的人或事
- 被动情绪管理（如电视、咖啡、食物或睡觉）
- 独处（Salovey等，2002）

以上这种情商分类的方法非常适用于现实生活，一个人可能善于聆听他人的倾诉，对别人的遭遇感同身受，甚至非常理解他们，但是同时却无法和别人进行有效的沟通——这主要是因为他/她无法识别那些非言语的信号。在这种情况下，就需要对此人的情绪认知加以心理干预（Salovey等，2004）。

但是，情商这一概念也并非完全没有问题。对于情商的分类方法、情商研究的到底是情绪还是将情绪合理概念化的能力、测量情商的最好方法等问题，学者们众说纷纭、争论不休。但是，无论如何，情商确实能够帮助我们更好地探索神秘、复杂的人类内心世界。

拓展阅读

Fredrickson，B.（2009）. *Positivity.* New York：Crown.

注 ① 有些研究人员对情绪与情感予以区分，认为情感的范围更宽、持续时间更长，但是，在本书中，我交替使用情绪、情感两个词语。

第三章

乐观与希望

笑得甜的人，运气都不会太坏

乐观主义者和悲观主义者的故事

根据不同人对于达成自我目标或其他未来事件的预期程度，我们可以把他们区分开来。整体来说，乐观主义者对于未来更有信心，认为事情的结果肯定是好的。然而，悲观主义者则完全不同：整体来说，他们对于未来持怀疑、犹豫的态度，认为事情的结果往往是不好的。那么，是做一个乐观主义者好呢，还是做一个悲观主义者好呢？

乐观的好处

积极心理学的研究发现，持有乐观的观点大有好处，其中包括：

- 面对生活中的困难时，相比于悲观主义者，乐观主义者的痛苦指数低，例如，他们不会像悲观主义者一样焦虑、抑郁。
- 乐观主义者更能适应不利的情况（包括冠状动脉分流手术、乳腺癌、流产、骨髓移植、艾滋病等）。
- 乐观主义精神帮助刚刚成为妈妈的妇女对抗产后抑郁。
- 乐观主义精神引导人在解决问题时更加针对问题本身，保持幽默，制订计划，进行乐观的重构（从最积极的方面看待事物），并且在情况变得无法控制时接受现实。乐观主义者能够从消极的事件中吸取教训，因此，他们能比悲观主义者更好地应对问题。
- 也许你会不相信，事实上，乐观主义者并不会轻易逃避，反而是悲观主义者往往会与问题保持一定距离。乐观主义者并不会将头埋在沙子里，刻意忽略威胁、问题。例如，他们关注健康警告信号，往往比悲观主义者更早发现潜在的问题。

- 乐观主义者的努力更持久，并且他们不会轻言放弃——他们相信问题总是能够通过这种或那种方式得到解决。然而，悲观主义者却往往认为事情的最后结果肯定是坏的，因此会更容易放弃。
- 乐观主义者更热衷于保持健康的生活方式（如健康饮食、定期体检），比悲观主义者的身体更健康。
- 乐观主义者在工作上更有成效。

此外，过去一个多世纪中，85%的美国总统大选由更乐观而并不总是更优秀的候选人赢取。而另一项研究则主要针对保险推销员进行，其结果对那些悲观的推销员提出了严正的警告。该研究中，研究人员向保险推销员发放问卷，通过问卷找出前10%最乐观的人和后10%最悲观的人，并将这两组人进行对比，结果显示，前者的销售额比后者高出了88%。

乐观能学到吗

答案很简单——能。尽管乐观可能有一定程度的遗传基因成分，并且孩童时期的经历无疑塑造了人们乐观或悲观的心态，但我们仍旧可以找到一些方法来扭转悲观的心态。

其中，第一个方法就是马丁·塞利格曼（Martin Seligman）在其1991年发行的畅销书《活出最乐观的自己》（*Learned Optimism*）中介绍的“争辩”（Disputing）法。一般来说，我们在被别人错怪时往往会在心中为自己辩解，比如说，我们会对自己说：“这根本就不是我的问题，是他没有在听，而不是我，我总是在做结论前仔细聆听各方意见。”然而，当我们自己为某事（如无法应对某种困难）错怪自己时，我们却并不会对此进行辩解。成功的关键在于仔细监控、识别自己的思想，一旦发现消极思想，就有意识地对此进行辩解、提出异议，试着找出事情可能的积极结果。

另一种好办法则是改变、监控你的“解释”（Explanatory）方式，解释方式指的是，对之前发生的好事或坏事，你解释其起因、影响的方法。

悲观的解释方式指的是，你对坏事给出内在、稳固、整体的解释，对好事给出外在、不稳固、个别的解释，使用这种解释方式的人往往会将事情的失败归结为个人的失败。

与此相反，乐观的解释方式则会对坏事给出外在（不伤害自己的自尊）、不稳固、个别（视具体情况而论）的解释，对好事给出相反的解释。表3.1就列出了乐观和悲观的解释方式，帮助你对此进行更好的理解。

毫无疑问，塞利格曼主张监控你自发的想法和态度，对抗那些消极的解释。

表3.1　乐观和悲观的解释方式

事件	乐观主义者的解释	悲观主义者的解释
好事（如考试通过）	内在：我做得很好。 稳固：我很有天赋。 整体：这给整个考试都开了一个好头。其他考试肯定也会很简单。	外在：真不知道这是为什么，肯定是我运气好。 不稳固：我只是撞了狗屎运。 个别：那又怎样？我可能会挂掉其他科目的考试。
坏事（如考试挂科）	外在：考试题目太难了。 不稳固：没关系，我下一次会通过的。 个别：不管怎么说，昨天我过生日来着。	内在：这全是我的错，我没复习好。 稳固：我以后也不可能通过这门考试。 整体：我的梦碎了，我再也实现不了自己的梦想了。

技巧与方法

对抗悲观的解释时……

问问自己你有什么证据证明自己的想法，看看能不能找到另一种方法解释你的失败。即使乐观的解释在这种条件下并不合适，想想这场不幸有什么含义吗？它真的那么具有灾难性吗？如果你并不能确定哪种解释更有道理，想想看，哪种解释令你更愉快（Carr，2004）。

当我上课或讲座讲到这一部分、几乎已经让听众接受了乐观主义以及积极解释这些理念时，听众经常会提出类似这样的问题："在事情不对头时将问题怪罪到别人头上，而不是反思自己，你确定这种做法对吗？"这个问题问得很好。据我所知，现有的相关研究并没有研究乐观的解释方式对于乐观主义者周围人的影响，也没有研究乐观主义是否与自我中心等行为有联系。

悲观主义者的优势

有些情况下，悲观更能确保你的生命安全。持有乐观想法的人往往会低估风险，因此乐观主义者更可能参与高风险的活动，如无保险措施的性爱或极速飙车。而且，打个比方来说，当飞行员需要决定是否要在暴风雪天气中驾驶飞机起飞时，在这种情境下，乐观可就不能算是什么好品质了。

在一些造成严重创伤的事件中（如死亡、火灾、洪水、强奸等），乐观主义者往往没有什么心理准备，因此他们的世界观很可能就此崩塌

（尽管他们恢复起来可能也会比悲观主义者快）。

此外，研究发现，有一种悲观主义者，他们即使学着变乐观或者采取积极的心态，也无法从中获益多少，这种特点被称为“防御型悲观”。这是一种认知策略，对于未来，他们的预期很低，尽管此前他们曾经在类似的情况下表现出色。防御型悲观主义者将这种“事情会变糟”的低预期当作一种应对难题的机制：当他们想象事情会变糟、对未来预期很低时，他们反而会表现得更好。防御型悲观帮助焦虑的人对付焦虑情绪，并且，可能与你想的相反，让他们变得乐观起来往往会适得其反。随着时间的推移，防御型悲观主义者的自我感觉越来越好，他们变得更快乐，表现更出色，比起那些不使用防御型悲观法的焦虑人群，他们在实现自我目标的道路上获得了更大的进步（Norem& Chang，2002）。

∞ 现实主义怎么样?

这可是个难以回答的问题，因为在积极心理学运动中，学者们并没有对现实主义加以关注。我仔细分析了积极心理学五本巨著的所有相关部分，仅仅发现一条与之相关的条目。

如果，现实主义者的主要动机是客观认识自己和世界，保持持久精确的自我形象的话，那么不用说，这样的品性可以令人享有乐观和悲观的所有优势，同时避免与此相关的所有问题。

伟大的积极心理学家曾写道：“一个人若太过乐观也不是什么好事，也许最好的办法是同时做到既乐观又悲观。”芭芭拉·艾伦瑞克（Barbara Ehrenreich）也许可以算是积极心理学运动中最著名的批评家了，她比艾德更进一步，指出正是积极或乐观的想法导致了银行业危机的产生，加剧了人的某些慢性病，让人们浪费大笔的钱去“提升”自我（那些真正阻碍人们获得幸福的因素远非你我所能掌控）。

也许，西方社会需要一些现实主义者：关注当下时事的人，关心世界各地穷苦人民的人，为造成这种不幸而负责的人。我们需要一些愿意去为此做些事情的人，不论他们成功的概率有多大。

然而，不论如何，至少乐观主义能够推动我们继续迈出下一步。桑德拉·施奈德（Sandra Schneider）曾详细比较过现实主义和不现实的乐观主义，强调了“模糊的”认识和“模糊的”意义的不同，以及现实制约的重要性。模糊的认识指的是不了解事实真相，而模糊的意义则指的是对事情进行自由的诠释。乐观主义可不是一个处理模糊的认识的好方法，如果不知道自己的胆固醇水平，你可不能就此认为自己不会有心脏病之虞。然而实际上，我们对生活中的很多情况都可以进行多种不同的自由诠释——此时，乐观主义是大有裨益的。事实上，施奈德和塞利格曼的方法其实都是在倡导一个同样的准则：对某一事件的意义进行诠释时要注意变通。因此，许多适应力训练项目（见第十四章）是建立在乐观主义理论基础上的，训练学员质疑自己对逆境的习惯性解释。

技巧与方法

积极的现实主义还是现实的乐观主义

盲目的乐观可能导致粗心大意或不现实的期待，长此以往可能产生消极后果，但这其实是可以规避的——不要让自己的愿望影响自己的判断，积极和现实，两者并不相斥，完全可以和谐相处。乐观并不等同于仅仅期待积极的成果，而是相信即使事情不顺利，你依然能够解决问题（甚至从中获益）。

目标等级

完成下列问卷，它将帮你认识自己。问卷后有相关讲解，但是如果你决定要做这个问卷，请先不要看解释。

说明：仔细阅读每一道题。使用下列等级，将你认为最能描述你状态的数字填在句首空格处。

1 = 完全错误

2 = 基本错误

3 = 基本正确

4 = 完全正确

____ 1. 我能想出很多方法摆脱困境。

____ 2. 我充满活力地追求目标。

____ 3. 我大部分时候都感到疲劳。

____ 4. 有很多方法可以解决我的问题。

____ 5. 我很容易在辩论中败下阵来。

____ 6. 我能想出很多方法来获得生命中那些真正重要的东西。

____ 7. 我对自己的身体表示担心。

____ 8. 即使当别人灰心丧气时，我也知道自己能找到解决问题的方法。

____ 9. 我此前的经历为我的未来做好了充分的准备。

____ 10. 我在生活中相当成功。

____ 11. 我发现自己总是为某些事发愁。

____ 12. 我完成了自己给自己设定的目标。

下面，将第1、2、4、6、8、9、10、12题前面的数字加起来，然后继续阅读。

你刚刚完成的是一个关于希望的问卷，你的得分（从8到32）显示了你的希望指数。不要管第3、5、7、11题，它们只是干扰项，对最后的结果没有任何影响。继续阅读，看看积极心理学如何认识希望、如何提高自己的希望值。

还有希望吗?

希望与乐观主义紧密相关，但是它们却并不等同于彼此。顶级的“希望”专家瑞克·斯奈德（Rick Snyder）认为，希望是将目标概念化、克服困难找到达成目标的方法并且愿意应用这些方法的能力。简单来说，当我们（1）知道自己要什么；（2）能够想出一些方法达成目标；（3）开始行动并坚持下去，我们就会感到充满了希望。

路径思维（或想出一些达成目标的好方法）非常重要，因为某一条道路并不一定就是最好的，即使主线路堵塞了，一个充满希望的人也能够找出其他的方法。之前测试中的第1、4、6、8题考查的就是你的路径得分，然而，单单知道要怎么做，这还远远不够，你需要行动起来！这时，就该“我能行”“我不可阻挡”这类想法发挥作用了。而且，动力并不单单意味着开始行动，它还要让你保持活力、坚持下去，第2、9、12、20题测试的就是你的行动力。

不难看出，充满希望的人在诸多方面颇具优势。比方说，希望能够缓和妨碍、自嘲、消极情绪等带来的影响，对心理健康很有好处。在心理健康领域，我们知道充满希望的人更关注疾病干预（如通过锻炼），希望指数高的运动员也会表现更佳。此外，根据针对大学生进行的调查研究显示，希望还和学业成就有着密不可分的联系。

斯奈德（Snyder）及其同事对“希望”进行了一个认知研究（而非情绪研究），指出我们之所以会产生积极情绪，是因为我们认为自己在追求目标的过程中很成功。这就意味着，他们把希望看成是一种能令人产生情绪的想法、一种追求积极情绪的过程。正如心理学界经常发生的一样，许多其他研究人员对此并不买账，他们认为希望本身就是一种情绪。

技巧与方法

让我们创造希望

要创造希望，首先要制订目标，找出几个能够实现目标的方法，然后选择其中最好的一个，将你的目标细化成几个小目标，激励自己去实现目标，将你遇到的所有困难都当作有待征服的挑战。

2005年7月7日，我在伦敦市中心，不时停下来收看关于市区发生四起爆炸案的最新报道；我也接到许多来自家人和朋友的电话，他们纷纷询问我是否在爆炸中受伤。在那场灾难中，看到被炸弹冲击得顶都没了的公共汽车，听着电视中不断传出的还有多少人被困地下的报道，我可是一点都乐观不起来。根据“9 · 11”事件发生后的诸多先例，我可以预料到，很快，对恐惧心理的研究将在英国本土崛起，媒体上将充满着反对恐怖主义的举措，此前人们对于伦敦文化多元性的自豪感将转变成对穆斯林人群的仇恨和怀疑。然而，我还是充满希望，我希望一切都会好起来，尽管我们不知道未来会好成什么样子、如何能够让事情好起来或者我自己能够在其中帮忙做些什么。在我看来，我当时既想不到任何解决问题的方法，又感觉不到我自己能够对未来的那个不确定的结果有任何影响，但是，我仍旧能够感受到“希望”这种情绪——这与我在上文写到的理论可是自相矛盾的。

拓展阅读

Seligman，M. E. P.（1991）. *Learned optimism*. New York：Knopf.

第四章

请“沉浸”在喜欢的生活中吧

笑得甜的人，运气都不会太坏

你是否曾经有过这样的体验：你以为自己只是花了半个小时在网络上搜索信息，但是后来却发现其实已经过去了三个多小时；你吃过早餐后打开一本书，不一会儿却发现天都黑了……

回忆一下，在你的人生中肯定有过这样一个时刻：你全身心投注在手头的事物上，感觉整个世界都消失了。你不会开小差，你的整个思绪都投注在正在进行的活动中，甚至都忘记了自身的存在，而且，此时，时间仿佛也消失了。蓦然回首时，你才惊奇地发现竟然过去了这么长时间（一般来说，时间都比你预期的长，但偶尔时间也会比你想象的短）！

大部分人在一生中都会经历这样的状态，事实上，差不多九成的人都曾在一项或多项活动中有过类似的体验。运动员一般将其称为“进入状态”，其他人则将其称为“高度集中的意识状态”。而对于这种全身投入的经历体验，心理学家则将其命名为“沉浸状态”（Flow Status）。“沉浸”这一理念由世界顶级的心理学家（同时也是就我所知姓氏最难读的心理学家）米哈里·契克森米哈伊（Mihaly Csikszentmihalyi）[①]发现并命名。其《当下的幸福》（*Flow: The Psychology of Happiness*）一书无疑是自助类书籍中将非量化科学性思考和深入思考结合得最巧妙的典范，这本书常年盘踞畅销榜前列，被评为最好的自助经典书籍。[②]

倘若没有《当下的幸福》一书的畅销，或是塞利格曼没有在夏威夷偶遇契克森米哈伊并与之成为莫逆之交，也许就没有当下积极心理学运动的风行。

如何进入沉浸状态

沉浸状态只在个别情况下出现：我们要遇到一个能挑战自身能力的

难题，同时我们自身的能力或技巧又要恰巧能够解决这个问题。问题的难度和我们自身的能力都处于比较高的水平，使我们几乎达到自身的极限。

如果问题的难度超出某人的能力范围，他会感到焦虑；如果个人的能力远超出问题的难度，他会感到无聊（就像学校里的聪明孩子）。以上两种状态均无法令人进入沉浸状态。

契克森米哈伊对沉浸现象进行了调查研究，他采访了成千上万名来自各行各业不同领域的人——棋手、登山运动员、网球选手、芭蕾舞演员、外科医生等。结果显示，所有人都曾有过沉浸体验，沉浸的主要特点有：

• 目标明确且行动中反应迅速。例如，在竞争中，你知道自己争取的是什么，并且你清楚知道自己做得究竟怎样（如你胜利还是失败了）。

• 全神贯注于当下从事的事业，摒除杂念，不去想其他任何东西。

• 行为与意识融合。吉他手与他的乐器融为一体，成为自身所弹奏的音乐，这一行为看上去是自发的、无须任何努力的，但实际情况却远非如此。

• 自我意识消失。这一现象也经常出现，不过有趣的是，每次经历沉浸体验之后，自我意识都能得到增强，人会感觉比从前更有存在感。

• 掌控手头正在从事的事情，不担心失败。

• 时间感扭曲。一般来说，进入沉浸状态的人都会感觉时间过得更快，但有时也会发生相反的情况。

• 行动意义的内在化。这就是说，行动的目的在于其本身（你做这件事是因为你想要去做），其他的目的都是借口。

有趣的是，沉浸体验往往会令人在这一真实的体验中情绪消失。人们仿佛感觉不到自己的情绪——这很可能是因为其自我意识的消失。但需要注意的是，沉浸体验发生后，积极情绪会有所增强。

波波维奇曾如此描述自己的沉浸体验：

> 伟大的谈话往往能令人产生沉浸感。我意识不到自身的存在，意识不到周围的世界以及时间的流逝，我完全沉浸在谈话中。一切都进展得很顺利，有一定的挑战性，但却一点都不困难。但是，就像其他一些同样令人满意的经历一样，你只有在事后（而非当时）才能发现自己进入了沉浸的状态。

在我看来，在全神贯注的情况下，我们与自己当下从事的事物合二为一，这使我们可以花费更少的力气完成相应的活动，因此达到事半功倍的效果。为了达到这种状态，我们之前无疑需要花费更多的精力，但是一旦进入了沉浸状态，我们做起事来可就完全不费吹灰之力了。因此，我们可以将沉浸理解为：解决高能（high-energy）问题的低能（low-energy）方式。

我们认为，能够带来沉浸体验的活动是有“自我目的”（autotelic，源于希腊语，auto=自我，telos=目的）的，因为这些活动本身就很有趣、很有意义，从事这些活动的目的在于活动本身，而非其他。

许多活动都能引发人的沉浸体验，其中包括运动、舞蹈、创造性活动、兴趣爱好、性生活、社交活动、学习、读书，以及工作。事实上，只要情况足够复杂，能够达到高挑战、高技巧的层面，大部分的日常活动都能够引发最优体验（optimal experience）——沉浸体验的别称，而极少发生沉浸体验的活动包括做家务、无所事事、休息。此外，在大部分国家里，人们也不会把看电视和最优体验联系到一起去。

尽管不同国家的人对于沉浸体验的描述基本一致，但由于社会文化、环境因素等不同，能够激发沉浸体验的活动也大不相同。罗马（吉卜赛）人往往能在抚养孩子的过程中体会到沉浸状态，而其他国家的人则很难在同样的活动中获得相同的感受。人们经常把休闲活动和最优体验联系到一起，但在伊朗，人们却不这么认为。传统社会中，人们会在做家务的过程中体会到沉浸状态，但在欧洲国家却很少出现这样的情况。也许，这主要是因为在欧洲国家中，人们普遍认为做家务这类活动是低级活动。一般来说，我们认为看电视不利于我们进入沉浸状态，但是，盲人却认为媒体（包括“看”电视）最能带领他们进入沉浸状态。这一点并不奇怪：电视不是给盲人们“看”的，所以“看”电视对于他们来说是一个挑战——他们无法看到，只能在脑海中想象电视中出现的形象。尼泊尔人也认为看电视会带来最优体验，因为他们家中没有电视，因此很难看上电视。以上研究结果显示，我们很难说清楚哪些活动一定能够引发沉浸体验，而哪些又不能。有些事情，对于某些人来说是小菜一碟，但对于另一些人来说却是困难重重，因此，是否能获得最优体验，这主要和我们的主观认知有关。

大部分西方人的问题是，我们往往不会去选择从事那些导致沉浸的活动。记住，想要体验沉浸状态，并不仅仅是要让问题的难度和个人技能相一致就可以了——我们还要挑战它们。比方说，看电视时，极低的个人技能与看电视这一活动的低难度非常匹配，但是我们却经常会感到无动于衷（除非你看的是讲量子力学的纪录片）。相对于日常休闲娱乐，在工作中我们经常需要高技能以应对高难度的挑战，然而，我们却宁愿玩乐而不愿工作。要我们在看电视和工作中进行选择，我们怎么会放弃前者而选择后者呢？契克森米哈伊对此的解释是：我们要区分愉悦（enjoyment）和愉快（pleasure）这两个概念。沉浸是一种终极的愉悦体验，但要达到沉浸却需要我们付出努力、进行工作（至少在一开始时是这样的）。而打开电视、收看电视，这实在是太简单了，就是这种无须付出努力的轻松性使我们更热衷于看电视这种令我们愉快的活动。

技巧与方法

从无动于衷到沉浸

你是否曾经想过，看电视对你从事其他有益活动的能力产生了多大的影响？试着每周开电视不超过三次，一旦你收看的节目结束了，立马关上电视，不要换台。注意对电视节目的选择——每周开始的时候选择好你要收看的节目，然后坚持下去。

除了“自我目的”的活动外，契克森米哈伊还介绍了一种“自我目的”型人格——一种“整体来说做事情只为了自己，而非为了达到其他外在目的”的人。这种人具备一种能力，能够经常进入沉浸状态，这种能力包括好奇心、对生活的兴趣、持之以恒的毅力、不以自我为中心的精神。[③]

技巧与方法

找到沉浸

试着找到那些能令你进入沉浸状态的活动（可能是那些你所谓的“正事”），渐渐地提高这些活动的难度和复杂性，确保它们和你不断提高的技能相当。如果一个活动太简单了，就让它变难些；如果一个活动太难了，那就找到一种方法提高你自身的技能水平。

沉浸的危险

现在，沉浸已经变成了一个流行的理念、一种令人梦寐以求的状态。但是，很少有人停下来想想，沉浸是不是总是有益呢。实际上，引发沉浸体验的活动在道德上可能是好的，也可能是坏的。比如说，赌博——特别是桥牌或其他扑克游戏，具备所有能够引发沉浸的条件：这些活动有难度，需要人具备很高的技能才会有机会取胜。

甚至，那些道德上正确或没问题的活动，如爬山、下棋、电视游戏等，也可能会令人上瘾，以至于让人觉得一旦没了它们，生活都变得无聊、无趣、无意义。许多人通过玩电脑上的小游戏（如单机纸牌）放松娱乐，但是这些小游戏也能控制你的人生——当那些能引起沉浸的活动不再是你的选择，而变成你生活中的必需品时，这种情况就会发生。

契克森米哈伊本人清楚地意识到了沉浸的风险，他写道：

引发沉浸的愉悦活动也有一个潜在的负面影响：它们在我们的脑海中建立秩序，提高我们的生存质量，但这会令我们上瘾，因为我们的自我成为了这种秩序的奴隶，不再愿意去应对生活中那些模棱两可的烦心事。

对沉浸体验的瘾还能让我们失去从更高、更广的角度进行思考的能力。一个工作狂经理可能会沉浸在工作中不可自拔，每天工作到晚上10点、11点，忘记吃饭、忘记家庭、忘记和孩子们说晚安。

就此，契克森米哈伊还说过：

沉浸体验和其他事情一样，不是完全“好”的。它的好处仅仅在于，它能令生活更丰富、强烈、有意义；它之所以好，是因为它提高了自我的力量和复杂性。但是，从更广的意义上来说，对每一个具体活动的沉浸究竟是好是坏，这需要我们以包罗更广的社会准则进行进一步讨论、评价。

关于沉浸，我们关心的并不仅仅是如何才能进入沉浸状态，还有我们应该如何管理它：利用它提高生活质量，并在需要的时候果断放手。

其他最优体验

沉浸可不是唯一的最优体验，人本主义心理学家亚拉伯罕·马斯洛创造了“高峰体验”（Peak Experience）一词，以描述个体生活中那些令人感到强烈的愉悦、兴奋的时刻。在这些时刻，我们感到生命更加完整、融合，我们的自我意识更强，并感到非常快乐，我们感到了一种对生命的超越感、敬畏感、协调感、意义感。一般来说，这种体验还有一些精神特质。这些高峰获得往往由一些影响强烈的事件激发——爱的瞬间，欣赏到伟大的艺术或音乐，美丽壮阔的自然，或者悲剧事件。就像契克森米哈伊对沉浸体验的认识一样，马斯洛相信所有人都有能力获得高峰体验，但只有那些达到了自我认知的人才更容易获得高峰体验。尽管在很多地方，高峰体验和沉浸体验有许多共同点（如全神贯注、自然自发、丧失时间感），高峰体验与沉浸体验也有诸多不同：拥有（而非丧失）自我意识，发生频率低，自身具有某种神秘特质。并且，我们鼓励人们去追求沉浸体验，但是马斯洛却反对我们自己追求高峰体验。

要了解人类存在的最优状态，我们要走的路还长得很。我们还不了解“微沉浸”（microflow）活动（如乱涂乱画），不了解集体（而非个人）沉浸——在这种状态下整体的力量大于部分力量相加的总和（如即兴音乐演奏会），不了解高原体验（plateau experience）——一种持续的高峰体验。要了解这些积极的人类体验的复杂性，积极心理学也许能为我们提供一个好方法。

拓展阅读

Csikszentmihalyi，M. （2007）.*Finding flow*. New York：Basic Books.

Privette，G. （1983）. Peak experience，peak performance，and peak flow：A comparative analysis of positive human experience. *Journal of Personality and Social Psychology*，45，1369—1379.

注 ① 如果你想做一个拼写测试，可以写下他的姓氏Csikszentmihalyi，看10秒钟，用纸盖住它然后试着默写下来。数数看你犯了多少个错误，然后再重复进行此练习。

② 参考Butler-Bowdon，T.（2003）. *50 Self-help Classics*. London and Yarmouth：Nicholas Brealey Publishing。

③ 可参考本书第七章“动力”部分，进一步了解内在动力。

第五章

让自己清晰地感到幸福

笑得甜的人，运气都不会太坏

POSITIVE PSYCHOLOGY IN A NUTSHELL

The science of happiness

幸福的历史

上启古希腊哲学，经过后启蒙运动西欧道德哲学的（特别是功利主义）发展，直到当下对生活质量，幸福感的社会、政治、经济的研究……几个世纪以来，幸福都是人们关注的热点问题。现在，相对于金钱、美德、天堂，大部分人仿佛更能接受幸福这一理念，并为此孜孜追求。因此，毫无意外，近30年来，特别是从积极心理学诞生以来，心理学也将注意力投注于对幸福的研究上来。

现在，幸福研究之所以如此兴盛发达，主要由于以下几点原因：

• 首先，现代社会已经达到了富裕的水平，生存已经不再是人们生活中关心的重点，生活质量变成比经济繁荣更加重要的要素。

• 随着个人主义的发展，个人的幸福变得越来越重要。

• 此外，我们已经建立起一些扎实可靠的方法，使幸福学可以发展成为一门严肃、受认可的学科。

谁是幸福的?

答案很简单，但却也出乎人意料之外——几乎所有人。此前，学者们曾经对45个国家110余万人次进行了916个科学调查，结果显示，如果让人们从1到10分10个不同的等级评价自己的幸福感，平均幸福指数是6.75，所以，整体来说，人们是幸福的而非不幸的。举例来说，在美国人中，84%~89%的人在幸福调查中认为自己是幸福的。许多其他国家也是如此，除了苏联国家集团（如保加利亚、俄罗斯、白俄罗斯、拉脱维亚）——在这些国家，人们的幸福指数没有达到5。

谁不幸福?

以下人群可能幸福指数更低：最近丧偶者、新近开始接受治疗者、住院的酒鬼、新囚徒，以及政治压制下的学生。

为什么我们要幸福?

对于为什么要幸福这个问题，最简单的答案就是：因为幸福感觉起来很棒。然而，研究证明，幸福还有许多其他的好处：积极情绪和幸福感可以使人更合群、更健康、更成功、更自律，并提升个人的行为习惯。

有趣的是，幸福可以提升人的创造力，激发多样思维，像积极情绪一样，幸福能激发人们的新想法。新的研究显示，幸福的人在他们不喜欢的工作中能坚持更长的时间（告诉你的老板，只有那些最幸福的员工才应该去参加那些无聊的会议），他们更擅长同时处理多项任务，更系统也更专注。此外，在健康方面，众所周知，幸福有利于免疫系统机能的运作——实验研究显示，幸福还能帮我们预防一半的感冒！

更棒的是，幸福还和人的寿命息息相关。一项研究分析了修女们18岁进入修道院的申请信中对于幸福的表达，值得注意的是，所有这些修女的生活都很简朴——她们不吸烟不喝酒，饮食健康，以教书维生。研究结果显示，在她们18岁时的信中显示出的幸福感和她们的寿命长短息息相关。许多年后，在修女们85岁的时候，那些信中显示幸福指数更高的人中，90%的人在世；然而，不幸福的修女中，只有34%的人在世。

即使到了94岁，幸福指数高的修女中，超过一半的人（54%）仍然在世。与此相比，那些最不幸福的人中，只有11%的人还活在世上。如此看来，幸福能够让你多活9.4年！

继续阅读之前……

你想不想再做一个测试呢？如果你的答案是肯定的，请参考下列说明：

在下面的测试中，你会发现自己对于其中的说法同意或者不同意。从1到7表示你对每个说法是否同意，并把相应的数字写在每个句子的后面。在这个过程中，请尽量做到坦诚、诚实。

1~7分：

1分　非常不同意

2分　不同意

3分　较不同意

4分　中立

5分　较同意

6分　同意

7分　非常同意

在各个方面，我的生活都接近理想状态。 ________

我的生活状态非常好。 ________

我对生活很满意。 ________

目前我已经得到了我人生中期望拥有的重要东西。 ________

如果能重生，我几乎不会做任何改变。 ________

把所有的数字加起来，得出总分数，你的得分应该是在5到35之间。问卷的结果可以显示你对自己的生活是否满意。得分15到25为平均水平，得分14以下表示你对生活的满意度低于平均值，如果你的总分在26到35之间，这就意味着你对生活相当满意。

继续阅读，了解生活的满足感及其对幸福感的重要作用。

幸福究竟是什么？主观幸福感的学问

在心理学界，心理学家一直就是否能够对幸福从主观或客观方面进行衡量、是否应该对幸福从主观或客观方面进行衡量争论不已。一些人认为，幸福不可能被客观地衡量，因为所有那些与幸福紧密联系的行为其实都不可靠。开朗、友好往往被认为是幸福的人的表现，但是不快乐的人也可以将它们当作掩饰真实自己的面具。其他人，包括诺贝尔奖获奖者丹尼尔·卡内曼（Daniel Kahneman），相信根据一段时间之内对个人情绪的多项评价，可以衡量一个人的主观幸福感，如此，幸福测量就没有必要与回忆、回顾联系在一起。现在，对幸福的主观衡量法盛行，这也是我在本书中想要进一步介绍的。

在本章节中，我交替使用“Happiness”和“Well-being”两个词语来表示“幸福”一词。因为，主观幸福感（Subjective well-being，简称SWB）这一理念多用于研究文本中，以替代幸福（Happiness），它涵盖了人们如何在认知和情绪两方面评价自己的生活，并且可以表示如下。

主观幸福感=生活满意度+情感

我们将主观幸福感的认知性部分称为生活满意度（Life Satisfaction）。生活满意度主要体现的是个人对自己生活的评价。若某个人当下的生活和其理想、应得的生活状态没有什么出入，那么他就会对生活很满意。与此相反，当现实情况和理想状况差距太大，人们就会对生活感到不满。对生活的不满也可能是和别人攀比的结果，情感（第二章中有所探讨）理念包括了积极和消极心情、情绪两个层面，与日常经历息息相关。

尽管根据经验来说，当我们体会到大量、强烈的积极情绪，不常体验消极情绪时，我们应该会感到最为幸福快乐。但研究结果显示，尽管经常体验积极情绪非常重要，强烈的积极情绪却不一定能够令我们感到幸福。这是因为，体验强烈的积极情绪，这往往是有代价的，因为紧随其后的经常是一段时间的情绪低落；并且，强烈的积极情绪对于日后人们评价积极体验也有着消极的影响。

回到实用层面——我们可以提高自己的主观幸福感吗？

有一些理论认为，我们无法改变一个人的幸福度，其中一个理论是所谓的“零和”（Zero-sum）理论。该理论认为，人的幸福是有周期性的，幸福和不幸福的阶段交替出现，所有提高幸福感的努力都会被紧随其后的不幸福阶段抹消。另一个理论则认为，幸福是一种固定的特点，因此无法改变——虽然在青春期和青年期，人的幸福感并不稳定，而且幸福感可能会受到一些重大人生变化的影响。因此，幸福并非一开始就固定下来的，而是从一开始就渐渐成形的。

适应（Adaptation）理论认为，虽然积极或消极的生活经历会影响人的幸福感，但是人的幸福感很快就会回归其基准线。彩票中奖者很快就回归到自己平日的幸福度，半身不遂或全身瘫痪者很快也能适应自己的处境，差不多回归到自己之前的幸福度，这种现象被称作“快乐水车”（Hedonic Treadmill）。研究人员发现，只有两三个月前发生的事件才能影响我们的幸福感。然而，尽管人们能够很快适应中奖的狂喜和脊椎受伤的不幸，有一些情况（如丧偶、长时间失业）却是人们无法完全适应的。

在许多前辈学者研究的基础上，塞利格曼给出了自己的幸福公式：H=S+C+V，其中H代表幸福指数（Happiness），S为幸福定量（Set Range），C代表生活环境（Circumstances），V代表可自控因素（Voluntary Control）。S是由先天决定的幸福潜质，它在人的一生中基本保持不变，在人生发生重要事件后很快恢复到原始水平。在幸福公式中，它占了50%。C是外部环境（占10%），所以，如果你想变得幸福，你可以结婚、信教，但是，你没必要去努力赚钱、保持健康、接受教育、搬到阳光充沛的热带地区。最后，可自控因素（V）指的是一个人自己选择的努力、实践（差不多占40%）。当然，这个公式并不完美，但无论如何，这个公式告诉我们一种提高自身幸福感的可能性，让我们知道我们有一定的空间（40%）可以自己去努力追求幸福。

要幸福，什么是重要的，什么是不重要的

在你看来，以下哪些东西对于幸福来说是重要的呢：金钱、朋友、

学会感恩，不时停下来想想生命中的美好。

超越小我——随机做些好事。

在特别的日子对自己好一点，并且享受这种经历。

不要和那些明星或名人攀比。

好好选择自己要去做什么，而非随波逐流。

停下来想想，也许生命终究是有意义的。

找到做事的新方法，避免厌倦。

参与一项运动，身体好了精神才能健康。

优先关注自己的亲密关系，重要的是质量而非数量。

太好了！幸福感有40%是掌握在我自己手里的——但是，我该做些什么呢？（Carr，2004；Myers，1992；Seligman，2002；Sheldon & lyubomirsky，2004）

孩子、结婚、外貌、健康、迁到宜居的城市？年龄重要吗？教育水平呢？社区安全水平？根据常识，我们往往以为客观环境是影响生活满意度的根源，但实际情况却往往并非如此。那些我们认为非常重要、不惜牺牲几年生命换取的东西，其实和幸福并没有什么太大的联系。参考表5.1，该表总结了学者们对与幸福相关[①]的事物进行的研究，将之与你的想法进行比较，看看你的想法是不是正确的。

请注意，将因和果分开，这可不容易，尽管下列事物往往被认为是幸福的缘由，但其实它们也很可能是幸福的结果。比方说，有几个好朋友会让你感到幸福快乐，但也很有可能是因为幸福快乐的人更容易交到好朋友。

表5.1　相关实验揭示的真相

与主观幸福感相关的	与主观幸福感无关的
乐观主义	年龄（虽然相关研究的结果并不一致）
外向性格	美貌英俊
社会关系（如好朋友）	金钱（只要能满足基本需要，非常富裕和一般富裕之间的区别就非常小）
婚姻（婚姻比同居更令人感到幸福。虽然在个性化社会中，同居也被看作主观幸福感的影响要素）	性别（女性更容易抑郁，但也更容易愉悦）
从事喜欢的工作	教育水平
宗教或精神追求	有孩子（详见下一部分）
娱乐	搬到阳光充沛的地区（实际上，搬到澳大利亚生活只能提高1%~2%的主观幸福感）
好好睡觉，多锻炼	防范犯罪
社会阶层（不同的生活方式以及不同的处事方法）	住宅
主观健康（你对自己身体状况的认识）	客观健康（医生对你的诊断）

幸福和性格

德内夫（DeNeve）和库伯（Cooper）曾经对148个研究进行了元分析（Meta-analysis），他们发现，在学者们研究过的137种性格特征（1996）中，以下性格可以令人感到幸福：信任、情绪稳定、控制点（我生命中发生的事情是我自己努力的结果，而非运气、机会、命运等）、放松、自尊、不神经质（在焦虑的情况下）、外向（开朗）、和善（易与人交往），以及面对困难时不易抑郁。以上性格特点中，有些比较难改变（比如，改变外向程度其实挺难的），但也有一些可能相对来说比较容易改变，因此我们可以利用它们来提高自己的幸福感。

幸福和关系

与幸福息息相关的一大要素（不仅仅是相关）是社会关系。事实上，如果要幸福快乐，我们每天要在社会环境中花六到七个小时；如果工作压力大的话，这个时间还要提高到九个小时。而且，不管我们的性格是外向还是内向，这个时间标准都适用。迪纳（Diener）和塞利格曼对一群极为幸福快乐的人（222名大学生中的10%）进行调查研究，研究发现，把这些非常幸福的人和其他人区分开来的只是一点：那些非常幸福快乐的人社交生活丰富充实。他们独处的时间更少，与朋友关系融洽并且有恋爱对象。他们生活中的坏事情并没有比别人少，好事情也没比别人多；在睡眠、看电视、运动、吸烟、喝酒方面，他们也和其他人没什么不同，而且，经常性的性交也和幸福感有着密切的关系。

婚姻往往能令人的主观幸福感迅速提高，但不幸的是，过一阵后幸福指数又会降下来，但即使是下降，已婚人士的主观幸福感也并不是降回原点，他们还是比之前幸福。因此，婚姻改变了主观幸福感的定量（S）。但是，当婚姻触礁时，这些人也会比单身者或者离婚者的幸福指数低。

与幸福感有关的趣事

- 过去50年间，发达国家人们的实际收入大幅提高，但是主观幸福感水平却没有什么变化。
- 富裕国家的人民往往比贫穷国家的人民幸福，但这也不总是成立（巴西就是个例外）。
- 丹麦一直和哥斯达黎加争夺“世界上最幸福的国家”的称号。
- 对财富的渴望令人感到更不幸福。
- 每年多赚一万美金只能将你的幸福指数提高2%。
- 为别人花钱能提高幸福感。
- 去教堂的人更加幸福、长寿，但这也可能是因为人们从属于某个宗教组织，得到了某种社会支持。
- 有孩子并不能令你更幸福——甚至，当孩子小于五岁或处于青春期阶段时，你会不快乐。不过，有孩子可以令你的生活更有意义，并且有孩子的人寿命相对更长久。
- 比起那些先天条件更优越的孩子，天生更易不幸福的孩子更能受益于积极环境的影响。
- 与幸福快乐的人来往，这能令人变幸福。
- 看肥皂剧令人幸福感提高。
- 即使将所有的客观生活环境因素加起来，它们对幸福感的影响也不足10%。

拓展阅读

Christakis，N.，& Fowler，J. （2009）.*Connected：The surprising power of our social networks and how they shape our lives.* New York：Little，Brown.

Diener，E.，& Biswas-Diener，R.（2008）. *Happiness：Unlocking the mysteries of psychological wealth.* Malden，MA：Wiley/ Blackwell.

注 ① 相关（Correlates）指的是两个事物之间的关系，比方说，孩子的身高和他们的年龄相关（高个儿的孩子往往年纪大些）。

第六章

幸福是必要的还是足够的
——实现幸福感理念

笑得甜的人，运气都不会太坏

POSITIVE PSYCHOLOGY IN A NUTSHELL
The science of happiness

现行的实现幸福方法的问题

是不是只要我们幸福了，就一定能够拥有美好的生活？这个问题在积极心理学界正受到越来越多的关注。感觉好，这是不是就能够衡量一个人的生活质量？当我们评价别人的主观幸福感时，能否真正确切知道其是否也在主观上是健康的？许多研究人员认为，以上问题的答案是否定的。在他们看来，我们现在对于幸福感的定义是一个阴错阳差的产物：首先，研究人员们设计制作了关于幸福感的调查问卷（因为他们要对各种不同的干预治疗进行评价），然后他们从这些问卷中得出幸福的定义；这期间，他们根本没注意到他们是否真的把握住了人类幸福的真谛。

我们也许可以说，当代的幸福学很大程度上忽略了马斯洛（Maslow）、罗杰斯（Rogers）、荣格（Jung）、奥尔伯特（Allport）等人文主义或存在主义心理学家的贡献，并且，它也没有注意到哲学上对于幸福的解读——哲学在心理学诞生前很久就开始探讨幸福这一问题。

一个人若不知道生活的目的、存在的意义，他能够感觉人生圆满吗？如果懒得动动指头改变自己，作为人既不成长也不发展，那么这个人能真正“好”吗？成长、自我实现、意义……这些都是被现在的主流幸福学忽视的问题。

现在的幸福理论对于幸福的认知是空泛、片面的，实际上，他们研究得比较好的主要是享乐主义（Hedonism）——他们追求的是如何将愉悦（积极情绪）最大化，将痛苦（消极情绪）最小化。这种享乐主义的观念可追溯到古希腊哲学家亚里斯提人（Aristippus）（他相信生活的目的就是尽可能多地体验快乐），以及功利主义哲学家。

享乐主义幸福之外

近来，在历史学和哲学领域，一种对于幸福生活的新的研究方法又重新崭露头角——实现幸福感（Eudaimonic Well-being）理念。古希腊哲学家亚里士多德（Aristotle）最早提出了这一理念。在亚里士多德看来，幸福是一个粗浅的概念。他强调，并不是所有的欲望都值得追求，即使它们能带来快乐，但是它们却不能带来健康完满。亚里士多德认为，要获得真正的幸福，人们需要有德行地生活，做有意义的事情。他认为，实现人类的潜力是人生的最终目标。后来，知名思想家斯多亚（Stoics）和约翰·洛克（John Locke）进一步发展了亚里士多德的理论，其中斯多亚强调自律的价值，洛克认为只有谨言慎行才能获得幸福。

人本主义心理学和自我实现倾向

马斯洛（因提出需求层次理论出名）和罗杰斯等人本主义心理学家也许是20世纪最早的“实现论者”（Eudaimonists）。人本主义诞生于20世纪60年代——那时，悲观主义心理分析和行为分析倾向于将人等同于对刺激产生反应的机器。人本主义心理学的前提预设是：人有自由的意志，自己的选择影响了自身的幸福感。它与其他的心理学学派的不同点还在于，人本主义相信，人具有实现倾向（Actualizing Tendency），即成长的基本动力。罗杰斯提出了该理论，将其描述为：

人有实现自我、发挥潜力的倾向。这是一种所有有机生命体以及人类共有的明显倾向——扩张、发展、成熟的强烈愿望——表达、激活自我以及机体所有能量的倾向。这一倾向可能深藏于层层心理防御之下，也可能藏在刻意否认其存在的表象后面。但是，我相信，根据我的经验，每个人都有这种倾向，只待条件合适时释放和表达。

技巧与方法

行动的潜力

潜力指的是每个人的潜在能力，实现个人潜力能够帮助我们取得最大的完满。根据个人的潜力付出努力，将自己的潜力与生活中的活动完美融合，这可以帮助你体验到实现幸福感。

在实现论的框架下

如果你也认为仅仅感觉好并不意味着生活就好，那么你可是有很多同一战线的战友。许多幸福学理论试着在实现幸福感理论的框架下共存。以下，本书浅谈其中几种。

心理幸福感

如果你认为自己已经掌握了主观幸福感（SWB）和生活满足感（SWL）的区别，我想你会很乐意在这两个概念之外再引入一个PWB概念。

PWB指的是心理幸福感（Psychological Well-being），是心理

学教授卡罗尔·里夫（Carol Ryff）大力推广的一个幸福模型，见下图。如果有人说里夫之所以使用“心理”这个词仅仅是因为“主观”一词已经被别人使用了，那我可一点都不会感到奇怪。里夫分析了心理学中不同的方面对于幸福的多种研究方法，得出结论：幸福感包含了六个组成部分，它们是：自我接受（Self-Acceptance）（对个人及其生活的积极评价）、个人成长（Personal Growth）、生活目标（Purpose in Life）、积极的人际关系（Positive Relationships）、驾驭环境（Environmental Mastery）（有效驾驭个人生活和周边环境的能力），以及自主性（Autonomy）。

这一模型比享乐主义幸福理论涵盖的范围更大一些，但它正确吗？里夫为此进行了多项研究，为这一幸福模型提供了所谓的实验证据支持。但是，很多其他人的实验却证明这一模型存在着种种问题[①]：他们发现这6个组成部分其实可以归为两类——一类与享乐主义幸福感对应，另一类与实现主义幸福感对应。

虽然所有心理幸福感的组成部分看上去都非常重要，但它们还是有点模棱两可。是不是如果缺失了其中的一两个要素，就无法达到心理幸福了呢？如果加入内心和谐等其他要素，这个模型是不是会更加充

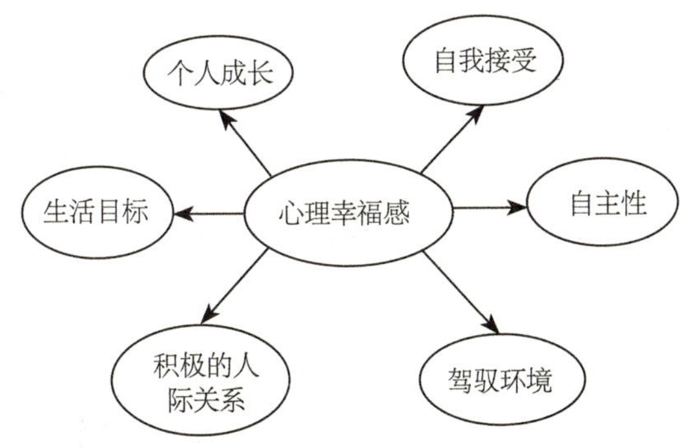

里夫的心理幸福感模型

实呢?

自我决定论

另一种实现幸福感模型是自我决定论（Self- determination Theory：SDT）。该理论由赖安（Ryan）和德西（Deci）提出，假设全人类（不同的国家、不同的时代）都有着三种固有的基本需求，这三种基本需求为：

- 自主需要（Autonomy）——选择自己要做什么，掌握自己人生的需要。
- 能力需要（Competence）——对所作所为感到自信的需要。
- 归属需要（Relatedness）——在尊重自主性、增进能力的情况下，建立亲密、安全关系的需要。

自我决定论认为，满足这些需要，就能提高幸福感；限制这些需要，就会对人类机能产生消极的影响。许多心理学家对此表示赞同，认为这三种需要是人类最基本的需要，但同时也有不少人提出，“自尊”也同样重要。赖安和德西认为，自我决定论和心理幸福感的区别在于，

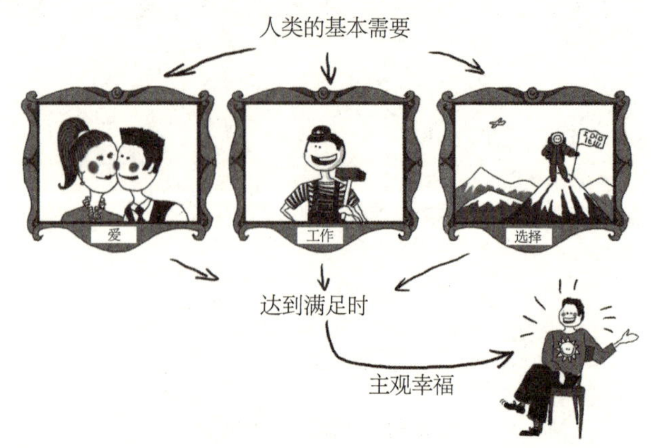

在自我决定论中，自主、能力和归属能够提高幸福感，但在心理幸福感理论中，里夫却用这些概念来对心理幸福进行定义。

其他实现理论

契克森米哈伊的“自我目的”（Autotelic）性格理论也可以归属到实现幸福感的理论框架下，“自我目的”者（详见第四章）往往是为了自己而参与活动，并且经常能体验到沉浸状态。但是，我们却无法将沉浸归属到实现幸福感的框架下，因为契克森米哈伊的沉浸状态的特点（包括忘记时间流逝、忘记个人烦恼）似乎与享乐主义幸福感有着更密切的关系。

21世纪初，华特曼（Waterman）提出一种对实现论进行描述的方法，他将其命名为“个人表现”（Personal Expressiveness）。在他看来，要体验实现幸福感，一个人要从事那些能让他觉得有活力、能表达其真实自我、能让其热切地投身其中、能让他特别满足特别适合他的活动。有趣的是，对于华特曼来说，实现幸福感并不排斥享乐主义幸福感——他认为个人的表现往往与享乐主义的愉悦同时发生。但是，享乐主义的愉悦却不一定能够带来个人的表现。考虑到华特曼对个人表现理论的描述其实与沉浸理论并没有相差太远，这一将实现幸福感和享乐主义愉悦结合的方式倒是可以用来应对之前提到的对沉浸理论的批评。

积极心理学之父马丁·塞利格曼介绍了一种“真实的幸福”（Authentic Happiness）理论，他将快乐人生（Pleasant Life）、美好人生（Good Life）、有意义的人生（Meaningful Life）区分开来，以期探索幸福的真谛。在快乐人生中，人们追求积极（Positive）情绪，因此它可以同享乐主义幸福等同；在美好人生中，人们更多追求的是投入（Engagement），是完全融入某项活动中，因此它和沉浸状态很接近；在有意义（Meaningful）的人生中，人们付出努力，为超越自身存在的东西做出奉献。2011年，真实的幸福理念升级成为一个幸福的理念，在以上三个元素之外，另加了两个——成就（Accomplishment）（对成就、成功、胜利的自发性追求）和关系（Relationships）（与他人的联系）。这五个元素的首字母结合起来为PERMA——这也是塞利格曼新的幸福理论的名字。塞利格曼相信，对于投入/沉浸以及意义的追求是实现性的。[②]塞利格曼及其同事在研究中发现，当人们投身于享乐主义的活动中时（如休闲、休息、娱乐），他们的感受更愉悦，精力更充沛，情绪更积极。事实上，他们从事这些享乐主义的活动时，比在实现性活动中更加快乐。但是，长远看来，那些生活得更加“实现性”（努力拓展自己的潜能和技巧，不断学习）的人却对自己的生活更加满意（Huta等，2003）。

维特索（Vittersϕ）及其同事提出了一种功能型幸福感（Functional Well-being）模型。这种观点认为，实现幸福感标志着并且推动了人的变化和成长，激发人们在有难度的环境中采取行动，而享乐主义幸福感则标志着并且掌管着人的稳定性、平衡以及对自身平衡的回归。事实上，实现幸福感和享乐主义幸福感的区别在于，实现幸福感针对的是一个追求的过程，而享乐主义幸福感则针对的是一个结果（不管结果是关于什么的，需要、目标或是对概念的理解）。此外，他们还探讨了稳定的享乐主义和实现主义倾向，认为我们每个人都有更多的享乐主义或实现主义的倾向。维特索还探讨了这种倾向下的神经病学原理：支持人产生兴趣并追求新奇感的多巴胺系统，与实现幸福感的产生有关；支持人感到愉快并监控内在平衡过程的内源性阿片肽系统，与享乐主义幸福感的产生有关。

越是对实现幸福感进行深入研究，人们就越会发现实现幸福感定义

实现幸福感之伞

的多样性。一些研究人员称，个人发展和成长是获得实现幸福感的最好方法，另一些人则认为找到人生的意义才是通往实现幸福感之路。但不论如何，所有研究人员都认为，除了单纯的愉悦和快乐，幸福一定还涵盖着其他更多的内容（虽然随着时间的推移，实现幸福感之伞变得越来越大）。

不知你是否注意到，实现幸福感有一个小问题——它简直就是一团乱麻！实现幸福感不仅仅是一个涵盖多种彼此间联系松散的理论的框架概念，更是一个把所有和愉悦无关的概念混在一起的大杂烩。

那么，现在就让我们重新回顾一下这个大杂烩。一些学者认为，实现幸福感就是对人类潜能的实现，其他学者则将实现幸福感和沉浸状态的反复出现联系在一起。此外，其他常见的定义还有：实现某人的真实天性/真实自我，个人成长、意义，以及里夫的心理幸福感模型中6个幸福组成部分的总和。塞利格曼认为，实现幸福感既涵盖了沉浸状态又包括了意义。但是，有谁能告诉我实现幸福感究竟是什么吗？

尽管心理学家们试图搞清楚幸福的结构，但对于实现幸福感的不同定义却令情况变得更加复杂起来。实现真实天性与个人成长是一回事吗？如果你的真实天性叫你去进行暴力犯罪呢？成长和意义是不是一样的？卡罗尔·里夫对成长和意义的区分没准是正确的：在个人成长中我们能够找到意义，但是在服务他人、信仰上帝的过程中，我们也能够寻找到意义，因此，两者是不能等同起来的。积极的人际关系对于实现幸福感来说重要吗？答案也许是肯定的。但是，积极的人际关系对于快乐和享乐主义幸福也同样重要（见第五章）。对于人们来说，实现幸福感和享乐主义幸福感带来的感受真的不同吗？积极心理学的批评者说，如果感受相同的话，那么所有对这“两种幸福”进行区别的理论就不攻自破了。然而，那些认为这两种幸福有区别的人却试图找到与实现幸福感相关的特别情绪、感受（如兴趣、投入和高峰体验）。最后，若实现幸福感和享乐主义幸福感确实为两种不同的幸福类型，那么它们必定有不同的预测因素和结果——也就是说，什么东西可以带来实现幸福感，实现幸福感又能带来什么样的结果。之前的研究显示，与享乐主义幸福感不同，实现幸福感与一个人的受教育水平相关（教育水平越高，实现幸福感越强）（Boniwell & Osin）。此外，实现幸福感强的人可以在工作中得到更大的成就感，并能更快地从创伤性事件中恢复过来（Huta）。

基于以上可能自相矛盾的理论以及我个人的研究，我认为可以通过以下两种方法达到实现幸福感——个人发展和超越（Boniwell&

Osin）。所以别放弃，总归还是有办法把实现幸福感的头绪理清楚的！

个人发展

个人发展（Personal Development）主要指的是追求改变、追求对自己和世界更好的理解、追求作为个人的成长、追求在自己选定的领域和范围内做得更好。个人发展的线路主要在于人的自我实现倾向，但只有这个倾向还是远远不够的。发展往往是一个需要付出努力的过程，需要克服内部或外部的困难和挫折。

成长和个人生活的改变并不总是令人愉快的。研究人员发现，积极的主观改变甚至会对积极情绪产生影响。比方说，一项研究发现，根据体检报告显示恢复得更好的理疗病人，虽然他们的自我成长更快，但同时他们的自我接受程度却更低，人也更加抑郁。这是因为，改变往往意味着失去，即使失去的是一些无用甚至消极的东西。人本主义心理学创始人之一卡尔·罗杰斯发现，那些在“美好生活”的康庄大道上切实进步着的人可能并不会感到幸福或满足，他写道：“美好生活是一个过程，而不是一种存在状态。”。请注意，这句话和维特索的功能型幸福观有其相似之处。

技巧与方法

个人发展练习

明确你自己的方向，想象10年或20年后的自己，想想你希望自己届时成为怎样的人以及如何才能实现这一理想。

心理学家对发展的衡量，主要是考察个体对新经历的开放程度以及对学习新事物的兴趣度。但是，根据我们的常识，我们知道，乐于接受新鲜经历不仅能帮助我们成长，更能令我们体会到愉快感（享乐主义幸福感的一个方面）。此外，虽然学习的兴趣是一个很重要的方面，但这却不能算是个人发展的唯一体现。那么，我们到底该如何判断我们自己是否在发展、是否在真正地成长呢?

研究发现，责任感（Responsibility）和对于挑战的投入度（Commitment to Challenge）是实现型人格的重要方面（Boniwell & Osin）。其中，责任感不仅指的是对自己行为的责任，更指的是对他人、环境、世界的关爱，对于挑战的投入度指的是在那些挑战我们能力的难题中寻求满足感的能力。

许多要素能够帮助我们在个人发展中更加出色，它们包括延迟满足、勇气和情绪控制。延迟满足（Delayed Gratification）能力强的人能够为了追求更重要的目标（如完成工作）而推迟即刻的享乐。延迟满足的价值体现在一个非常著名的心理学实验中，该实验被称为“斯坦福棉花糖实验”（Stanford Marshmallow Experiment）。1972年，沃尔特·米歇尔（Walter Mischel）进行了这一实验。实验中，他让学龄前的孩子进行一个选择：立刻吃掉棉花糖，或者等15分钟后获得两个棉花糖。长期的跟踪研究显示，那些能够经得住棉花糖诱惑的孩子在青春期中表现得更有能力，而且在很多年后学习成绩也明显更高。更令人想不到的是，这一优势竟然延续到了40年后。一项在2011年进行的研究发现，那些延迟满足能力强的人成年后依然表现出众，并且，他们大脑中控制上瘾行为的区域与其他人明显不同。勇气（Grit），即面对挫折时也持续努力、绝不放弃的能力。近来的研究发现，在提高学术成就、带来长远成功等方面，勇气比智商更重要。最后，情绪控制（Emotional Control），即控制冲动和情绪的能力，是个人发展的另一项基本能力。

超越

超越（Transcendence）指的是对于超出本人自身以外的事或人的奉献与投入，它需要我们找到个人生命的目的，并据此目的进行表现。但是，这个目的一定是要超越个人（但不失去自我）、自身之外的（如孩子、有意义的工作、社区或精神追求等），并且，我们需要对此采取行动，为超越自身的更伟大的事业做出贡献。因此，通过主观上的努力和有道德的生活，超越会带来个人生命之外的积极影响。

与个人发展不同，超越是达到幸福的一个更具实现性的方法（虽然毫无疑问这两者可以共存）。比方说，一位母亲将生命全部投注于对孩子的培养（不仅是照看孩子，更是对孩子作为有健全能力的个人的培养）上来，她没时间发展其自身，至少在孩子离家之前没时间兼顾其自身发展。

超越有时候（虽然不经常发生）会引发所谓的高峰体验，令人在一瞬间体会到强烈的美，感觉个人与宇宙或某种神秘的经验同在（见第四章）。

包括亚里士多德、里夫、塞利格曼、麦格雷戈（McGregor）以及利特尔（Little）等人在内的学者们都曾谈到过意义、目的、超越个人等，我希望，通过介绍超越一词，能够促进理论间的交流融合。

最后的话

关于享乐主义幸福感和实现幸福感，最后还需要说明一点。你可能还记得，本书上一章中介绍了生活满足感的概念。许多实现论的拥护者都将生活满足感归到享乐主义阵营，但这其实是值得进一步探讨的。如果一个人想要追求幸福或者正在很成功地追求着幸福，那么他会对生活感到满足。但是，若一个人选择过一种更加实现论的生活，他也会对生活感到满足。请记住，生活满足感不过是当下状态和理想状态之间的一致，而当下状态和理想状态反映的均为个人对生活的主观评价。因此，我们可以将生活满足感看作对当下个人生活状态的独立、客观的评价，而这种评价既可以是享乐主义的，也可以是实现论的。

拓展阅读

David，S.，Boniwell，I.，& Conley，A.（2012）.*Oxford handbook of happiness.* Oxford：Oxford University Press.

注 ① 也许，现在你已经知道，实验论证和研究结果也不一定完全可靠。
② 见上文沉浸的潜在问题部分。

第七章

是什么让我们勇往直前

笑得甜的人，运气都不会太坏

POSITIVE PSYCHOLOGY IN A NUTSHELL
The science of happiness

在前面的章节中，我们已经了解了什么能令我们真正感到满足，下面，看看什么能让我们真正获得幸福。本章中，我们讨论的是三个互相关联的主题——价值观、动力与生活目标，它们都能够帮助我们提高享乐主义幸福感和实现幸福感。即使我们最基本的生理（安全、饥饿、口渴）和心理（独立、归属、能力）需求都得到了满足，这也不足以使我们达到自己的最优状态。要做出理性的选择并采取行动，我们得先知道自己的价值观和信念，还需要有动力去从事那些我们选择的事情。最后，我们需要设定自己能够企及的目标，这些目标既要与我们息息相关，又要能够反映我们内心深处一直坚持的价值观。

价值观

价值观（Values）指的是那些对我们来说非常重要的东西。价值观是我们内心深处坚持的信念，往往在我们幼年成长的过程中就被内化形成，或者由我们在后来的成长过程中自主决定。需要注意的是，我们应将价值观和需求（Needs）区分开来。需求是与生俱来的，即使我们不曾察觉，需求也一直存在，并且，需求是普遍的。然而，价值观则是我们学习到的或选择的，是我们自身意识的一部分，并且，价值观是具体的——每个人的价值观都不尽相同。需求是稳定的——我们今天要吃东西，并且我们明天（甚至是今天晚些时候）还要吃东西。但是，价值观却是可以改变的，极少有人能够在一生中完全保持价值观不变。

价值观决定了我们为什么要去做某件事，比如说，价值观帮助我们管理自身需求，并且区分自身需求的优先次序。如果我们认为所有事都很有价值，我们就没法做事了——因为我们根本就不知道该从何下手。此外，价值观还能帮助解释为什么我们会去做那些自己其实不喜欢的事情。没有什么人会喜欢给孩子换尿布，但是，大部分时候，关爱孩子的价值远远超过我们是否喜欢做这件事的价值（否则，世界上会多很多垂头丧气的孩子）。

现代社会已经无法再为我们提供可靠、可信的价值观体系，事实上，我们正处在所谓的“价值观断档”期，因为人们对价值观有着各不相同的意见（Baumeister& Vohs，2002）。我们已经渐渐意识到并且接受：别人的价值观与我们自己的不同，因此，我们自己的价值观从某种程度上来说也是可以多种多样的。

失去价值观，或者不知道应该选择怎样的价值观，这种情况往往会产生毁灭性的影响。例如，苏联的联盟国家就曾经历过这样的问题，人民的价值观短时间内遭到颠覆，但是又没有其他的东西可以替代之前的价值观。

谢洛姆·施瓦茨（Shalom Schwartz）认为，有10种价值观是具有普世性的（在多种文化环境中存在）。它们包括：权力（Power）、成就（Achievement）、享乐（Hedonism）、激励（Stimulation）、自我引导（Self- direction）、普世性（Universalism）、慈善（Benevolence）、传统（Tradition）、遵从（Conformity）与安全感（Security）。而且，其他研究认为以上这些价值观非常全面。[①]如果让你猜的话，你觉得以上哪种价值观和主观幸福感相关？你的答案也许会是“自我引导”和“成就”（也许是因为它们强调自主性和能力），并且，你没准会认为“传统”与“遵从”会削弱一个人的幸福感——因为它们依赖的是所谓的外在动机（本章后一部分会对此进行探讨）。

价值观经常和烦恼联系在一起。如果你认为烦恼与心理健康有关，与积极心理学无关，那你可能错了。研究人员发现，担心、焦虑分两种——微观烦恼和宏观烦恼。微观烦恼（microWorries）是你因为自己或身边人而产生的烦恼（“我能进面试吗”“他离开我的话怎么办啊？”）。可以想见，微观烦恼会降低你的幸福感。此外，那些常有微观烦恼的人往往会有“权力”“享乐”这两种价值观。与此相反，宏观烦恼（Macro Worries）则是由社会、世界、全球问题（非洲的艾滋病或美国的总统大选）引发的烦恼。有“普世性”“慈悲”这两种价值观的人往往会有宏观烦恼，同时幸福感也更强。因此，如果烦恼不是以自我为中心的，那么这些烦恼实际上也会对你有所助益。

动力

你每天早上为什么起床？为什么不一整天都待在床上、无所事事呢？动力（Motivation）就是那股让你起床、工作、半夜时分翻开课本的力量，但是，这种力量却并不像它表面看上去那么简单。

动力可以分为两大类：内在动力（Intrinsic Motivation）和外在动力（Extrinsic Motivation）。内在动力反映的是人天生对新事物好奇、追求挑战、探索世界、锻炼能力的倾向。当我们受到内在动力驱动的时候，我们仅仅是出于兴趣或者乐趣而做事。当我们为了自身之外的目的，或为了取得某些其他结果（如工作赚钱）而做某件事情时，我们是受到了外在动力的驱动。

技巧与方法

唤醒内在动力

要提高自己的内在动力，我们可以做一些难度适中的事情，做一些我们认为自己可以做好、能令我们感到满足的事情。

前面几章中，我们探讨过自我决定论（Self-determination Theory）。该理论认为，外在动机有四种不同的子类型：外在型（External）、摄入型（Introjected）、认同型（Identified）和融合型（Integrated）。

- 外在型动力指的是我们受外部力量驱使而从事某事——或是为了获得奖励，或是为了逃避惩罚。在这种情况下，我们之所以做某事，是因为我们不得不去做。
- 摄入型动力建立在自我控制的基础上，为了逃避负罪感、压力、焦虑而去从事某事。在这种情况下，我们之所以做某事，是因为如果不这样去做我们就会有罪恶感。
- 认同型动力指的是，我们之所以做某事，是因为我们看得出这件事的重要性。
- 融合型动力指的是，我们之所以做某事，是因为我们完全认同自己行为的价值基础，这些价值已经成为我们自身的一部分。

在这四种外在动力类型中，认同型和融合型动力其实已经非常接近内在动力了。这就意味着，如果对这两种动力类型加以发展，我们渐渐地就无须强迫自己去做某些事情。越接近认同型和融合型动力，我们的生活也会变得越真实、满足。

技巧与方法

提高你的内在动力

给你自己一个机会，尽可能多地做选择，记住你在不同情况下的不同感受，看看你的想法是否和其他时候不同，这会提高你的自主性，并帮助你提高自己的内在动力。

自主性为什么会对内在动力有这么重要的影响呢？如果我们能够相对自由地选择自己的行为，就更能领会要采取这些行动的原因。然而，如果我们是被逼着去做某件事情，就很难将这种动机内化。这也是为什么我们对那些本来应该由内在动力驱动的行为进行奖励时，结果却往往会适得其反。此外，我们也可以利用能力和归属两种基本需求来提高自己的内在动力。

技巧与方法

发展孩子的融合型动力

尽量不要通过强迫、哄骗孩子们去做作业或完成其他的任务，也不要因此给他们奖励，这可能会导致他们缺乏责任感。要培养一个内在动力强的孩子，你应该做的是：帮孩子了解事物的意义，让事情变得更有趣，指导孩子应对困难，适度表扬，支持孩子的自主性，关爱孩子。

生活目标

从某种意义上来说，幸福取决于我们是否有能力选择自己生活的方向，明确自己的意愿并确保自己走上正确的路线。生活目标——又称核心目标、个人奋斗、个人计划、生活任务或未来愿望，指的是能激发人的行动、能指引我们生活的明确目标。生活目标不同于需求，因为它是建立在意识层面中的。而且，生活目标也不同于短期目标，因为它能在更长一段时间内指引人的生活方向。研究发现，明确自己的生活目标是什么，知道自己为什么以此为目标，确保生活目标符合自己的价值观，这些能够提高一个人的生活质量。

自我一致（Self-concordance）论认为，当一个人选择的目标是基于认同型、融合型以及内在动力（见前一部分）时，他就会感到更有幸福感。研究发现，自我一致的目标不仅与享乐主义幸福感、实现幸福感有着密不可分的关系，并且那些追求自我一致目标的人往往能够坚持更长的时间。一旦实现这些目标，人们会感到更加幸福。自我一致的目标之所以能够提高幸福感，主要是因为它能够满足人固有的心理需求（见前一章节）。

什么目标

研究人员认为，某些目标相对于其他目标更能增进人的幸福感。比如说，人文主义者埃里克·弗罗姆（Erich Fromm）对“占有倾向”（Having Orientation）（获得财富和地位）和“存在倾向”（Being Orientation）（如自我实现）进行了区分，发现：有“存在倾向”的人往往更幸福，这也许是因为他们不会有身份、地位危机，也不会浪费时间和别人攀比。另外有许多人认为，关注外在目标（经济地位、社会认可和外貌）不如关注内在目标（如自我认可、归属感、社区感）。外在目标往往与自尊低下、滥用药物、沉溺于电视节目、关系紧张、孤芳自赏、咄咄逼人等特质联系在一起。

然而，其他研究则得出了截然不同的结论，认为目标的内容本身并不重要，真正重要的是个人价值和目标之间的平衡（Oishi等，1999）。大石（Oishi）及其同事对施瓦茨的10种普世价值（权力、成就、享乐、激励、自我引导、普世性、慈悲、传统、遵从与安全感）进行了研究，并没有发现外在价值（如权力）与低幸福感之间、内在价值（如慈悲、自我引导）与高幸福感之间有什么必然联系。他们发现，符合自己价值观的目标和活动才能令人满足。

所以说，一个追求金钱、崇尚物质的人，如果他设定的目标和物质或资源相关（金钱、健康、运动能力和魅力值）并且最后实现了这一目标，那么相对于价值观不同的人来说他会感到更满足。然而，我们知道，他的满足并不能持续多久，因为他很快就会对这些资源习以为常。

因此，虽然目标的内容（如占有和存在）本身很重要，但目标是否和人的价值观相契合，这也同样重要。

技巧与方法

管理目标矛盾

有时候，目标可能会和我们的价值观相矛盾，产生所谓的不和谐。然而有的时候，不同目标之间也会自相矛盾（如实现某目标会妨碍其他目标的实现）。此时，你可以在彼此矛盾的目标之间进行一场“对话”，看看它们之间是否有同样的立场。

如果追求目标对获得幸福感有着如此重要的意义，为什么人们却往往在追求目标的路上失败呢？这有几个原因：首先，人们经常会去追求那些并不重要但是很紧急、更引人注意的目标（日常杂事、大型事件等）；其次，不知为何，我们有时会害怕自己没有能力完成某些事情，因此，我们从来不去尝试；最后，有时候这仅仅是因为很难坚持下去——我们可能在达成目标之前就耗尽精力，就此放弃了（其中一个例子就是远程教学机构中的高退学率问题）。

你的幸福感会提高，如果你选择追求的目标：

- 可行、现实、能达到；
- 能一步步接近；
- 对个人有意义；
- 你愿意坚定追求；
- 是内在的；
- 关乎社区、亲密关系和成长；
- 与自我一致，与你的动力和需求一致；
- 受社会文化认可；
- 不矛盾。

你可能已经注意到了，在这一章节中，我没有对享乐主义幸福感（快乐）和实现幸福感（个人成长/超越）加以区分。这是因为，大部分针对目标的研究中，研究人员使用的都是传统的幸福感概念（即享乐主义幸福感）。但是，我们有理由相信，追求某些特定类型的目标，实现目标和价值感之间的一致性，这对我们获得实现幸福感有着更深远的影响。

拓展阅读

Deci，E. L. & Ryan，R. M.（Eds.）（2006）.*The handbook of self-determination research.* Rochester，NY：University of Rochester Press.

注 ① 你还能列举出以上没有包含在内的其他普世价值吗？

第八章

生命中的时间

笑得甜的人，运气都不会太坏

POSITIVE PSYCHOLOGY IN A NUTSHELL
The science of happiness

对于人类来说，时间是个重要的话题。我们节约时间、花费时间、浪费时间，我们从来没有足够的时间。“时间荒”（Time Famine）不论是在学术圈还是在流行传播界，都已经变成了一个家喻户晓的名词。34%的人一直都在赶时间，61%的人从来都没有空余时间，40%的人认为，对于他们来说，时间是比金钱更大的问题。时间有个坏习惯，它总是会从我们的指缝中溜走，给我们留下一种感觉——我们不是时间的主人，而是被时间牵着走的奴隶。我们不仅仅是忙于工作，而是几乎无时无刻不在忙着——在家时，上高尔夫课时，甚至是在假期！

如果你是一个科学家，试图找到解决时间紧缺问题的方法，你会有什么建议呢？表面上看来，答案好像很简单：如果我们工作的时间变短一点，空闲时间变长一点，这就能够使我们从百“忙”中解脱出来。但是，研究时间应用模式的科学家们却发现，事实并非如此：最近四五十年来，我们梦寐以求的空闲时间其实已经得到了提高。尽管在这一问题上，学者们有不同的意见，但是自1965年以来，我们每周的空闲时间整整多了5到7个小时！你注意到了吗？也许没有，但你可不是唯一一个没注意到这一现象的人。尽管数据明确表明我们的工作时间在缩短，但研究同时显示，大部分人却认为自己的工作时间变长了。我们有了更多的时间，但是我们却认为自己的时间变少了。有趣的是，大部分人都会大幅度高估自己的工作时间，低估自己的空闲时间。平均说来，人们认为自己每周的休闲时间不足20个小时，而实际上这差不多只是他们实际空闲时间的一半。

关于时间，还有一个有趣的现象。现在，对于休闲时间的利用有两大截然相反的倾向——消极休闲活动的增加和积极休闲活动强度的提升。是什么消耗了我们的空闲时间？电视！我们把增加的全部空闲时间都花到看电视上去了——尽管电视并不能让我们快活，而且常常让我们感到无聊，注意力不集中，能力低下，思维不清晰，无法进入沉浸状态。

人们浪费差不多三分之一的空闲时间（每周超过14个小时）待在电视机屏幕前，因此他们大幅减少了花在那些能让自己感到愉快的活动（如社交、户外活动）上的时间。此外，当人们从事积极的休闲活动时，他们会在一段很短的时间内从事大量的活动（这种现象被称为“时间深度利用”Time-deepening）。我们不再满足于单一的兴趣爱好——在一个追求一切最大化的社会中，我们不愿意仅仅从事一项活动。我们不再把单一的高尔夫运动作为爱好，而是既打高尔夫球又打网球，既航海又爬山，此外还玩蹦极和跳伞。我们选择那些能够快速进行的活动，将它们组合在一起，加紧从事这些活动，这样花在每项活动上的时间就会缩短。我们的成就可能更多，但是我们却因此感到沮丧，感到时间不够用。我很欣赏罗素的话：“明智地利用空闲时间是文明社会里最难办到的事情，到现在为止还很少有人能做到。”

我们遇到的时间难题看上去好像跟空闲时间的长短没有什么关系，跟每天成功挤出一个小时的时间也没有什么关系——学会平衡时间，增强我们的幸福感，这才是关键。但是，怎样才能做到呢？如何才能更好地利用时间？如何利用时间才能够提高我们的幸福感？我们如何才能避免时间上的压力，不再将时间看作自己的敌人？我们如何才能重新掌控时间？我们如何才能平衡工作和休闲的时间，在这两方面都感到满足？在本章中，我主要介绍了时间心理学研究的两个方面——时间观和时间利用，以及成为时间的主人的技巧。这些都可以帮助我们回答积极心理学的核心问题：“什么是美好人生？”

时间观

时间观（Time Perspective：TP）指的是，在看待周围的世界以及身处世界中的你自己时，你习惯戴上的那种眼镜。这副眼镜有三种不同的镜片：过去、现在和未来。你是那种活在当下的人吗？你是否有时候会觉得自己深陷过去无法自拔？要在工作和玩乐中做选择时，你是不是通常都会选择对未来更有帮助的工作呢？我们做选择和采取行动时，是专注现在、过去还是将来，这就决定了我们的时间观（TP），它对我们行为的很多方面（包括学业表现、健康状况、睡眠、恋人选择等）都有着深远的影响。尽管时间观有时候受到临时环境（如通货膨胀、度假、压力大等）的影响，但整体来说它是个人性格中相对稳定的因素。因此，人们往往有一种主要的时间观。

时间观有五种不同的分类：未来型（Future）、消极过去型（Past-Negative）、积极过去型（Past-Positive）、享乐主义现在型（Present-Hedonistic）和宿命主义现在型（Present-Fatalistic）。对于每种类型，以下进行简要介绍。

那些主要以未来为导向的人会专注于为了未来的目标和奖励而工作，往往会因此放弃当下的乐趣，延迟满足，回避浪费时间的诱惑。未来型时间观的人会用牙线清洁牙齿，吃健康有益的食物，定期检查身体，他们也往往更容易获得成功。例如下图中的第三只小猪用砖石造房子，充分考虑到大灰狼来袭的危险，它无疑是以未来为导向的猪。

享乐主义现在型的人活在当下，寻求快乐，享受高强度的活动，寻求刺激和新体验，热爱冒险。孩子们基本都是享乐主义现在型，不幸的是，这种类型的行为可能会导致不好的后果。因为享乐主义现在型的人很容易受到诱惑，这可能会让他们很容易上瘾（酗酒、滥用药物），冒高风险，易遭遇事故和危害，并且他们往往在学业和事业上很难成功。

宿命主义现在型的人则往往无助、无望，认定外在的力量（如神或政府力量）控制着自己的人生。

过去型时间观的人更关注家庭、传统、自我的延续和历史，这既可能是有益的，也可能是有害的。积极过去型的人对过去怀有温暖、快乐的回忆，往往会多愁善感，对过去充满怀恋，重视保持家庭和朋友的关系，他们会喜欢讲述那些美好的过去的故事。消极过去型的人则觉得过去就是一场无法摆脱的噩梦，沉溺在讨厌、不快的个人经验中无法自拔。

就像人一样，不同的国家和文化也有着不同的时间观。信奉新教的国家、尊崇个人主义的国家就比天主教国家、尊崇集体主义的国家更关注未来，前者往往比后者更有经济实力。此外，同住在北方的人相比，住在南方地区的人更关注现在（也许是因为他们喜欢花时间享受美好的阳光）。

时间观和幸福的圣杯

你认为持有哪种时间观的人更幸福呢？很明显，我们会把宿命主义现在型和消极过去型排除在外。许多研究人员认为，关注未来对于获得幸福、积极行动有着根本性的影响。然而，过度关注未来也有明显的缺点：工作狂、忽视亲友、过度紧张、没时间发展兴趣爱好。许多其他学者认为，关注现在是获得幸福的先决条件。这些学者包括叔本华（Shopenhauer）、马斯洛（Maslow）和契克森米哈伊（Csikszentmihalyi），他们都强调当下经历体验的价值。然而，这一时间观也有一些不足，如忽视长期结果、“宿醉”感等。

近年来的研究显示，与我们的想法不同，未来型时间观与幸福感之间没有什么联系，享乐主义现在型时间观只能够带来一定程度的生活满足感——但是它们却能令人感到积极乐观（这不难理解，享乐主义现在型旨在将当下的欢乐、兴奋情绪最大化）。

最有助于获得幸福感的时间观其实是积极过去型。持积极过去型时间观的人自尊心最强，对过去和现在的生活感到满足，然而，即使是这种最好的时间观也依然有问题：持这种时间观的人过分保守小心，害怕改变，拒绝接受新事物和新文化，保持现状，以老办法解决新问题。那么，最好的办法就是发展并培养自己的积极过去型时间观吗?

技巧与方法

摆脱时间偏见

在你自己的生活中，你的时间观是什么？你认为它能够帮助你应对各种情况吗？你认为，你的时间观有哪些不足？试着做一些不同以往的事情。比方说，如果你是未来型人，就让自己休息一下吧，这可能令你感觉相当不错；如果你是享乐主义现在型人，就可以试着做一个长期的计划，这也许会对你有所帮助。如果你想提高自己的积极过去型能力，给老朋友打个电话，与孩子们一起玩一下“蛇爬梯”游戏，或者翻翻老相册吧。

平衡的时间观（Balanced Time Perspective）

每一种时间观都有其自身价值，但是如果某种时间观过度强势，影响到其他时间观的话，那就可能会出现问题。如上文所言，不论你是以完成目的为导向的“工作狂”未来型人，还是享乐主义现在型或怀旧过去型人（Nostalgic-past，这种时间观类型在现代社会并不常见），过分强调任何一种时间观都有一定的问题和风险，这就是为什么我们会提出平衡的时间观理念。学者们认为平衡的时间观是最积极的时间观，可以使人免遭任何一种时间偏见的奴役，“在一种最优的平衡时间观中，过去、现在、未来元素互相混合，根据具体情况以及我们自己的需求、价值观，我们对时间观进行灵活应用”。

平衡的时间观指的是什么呢？我们的研究显示，拥有平衡时间观的人，未来型和积极过去型时间观的水平比一般人高，享乐主义现在型时间观的水平与平均值相当或略低，有少量的消极过去型和宿命主义现在型时间观。这就意味着，拥有平衡的时间观的人能够根据自身所处情况选取适合的时间观类型，所以，与家人、朋友相处时，他们会充分享受这段时光，与其他人沟通感动、分享快乐；休息时，他们会充分放松，而不是浑身不自在；工作和学习时，他们会采纳未来型时间观，更有成效地工作。专注、灵活和转换能力，它们是平衡的时间观的必要组成要素，尽管这很难达到，但是却给我们提供了一个平衡生活和工作、获得幸福的好办法。我们的研究发现，拥有平衡的时间观的人比其他人更幸福——不论是在享乐主义幸福感层面还是在实现幸福感层面。并且，他们对生活更满意，情绪更积极，主观上更幸福，更乐观，自我效能（Self-efficacy）更高，自我实现能力强，生活更有目标，时间管理能力更强。

尽管现在还没有实证研究证实以上结论，但平衡的时间观理念与蒂姆·卡萨尔（Tim Casser）提出的“时间充裕”（Time Affluence）理念（与“时间匮乏”相对）相符合。卡萨尔的研究显示，工作时间短的人（也就是说不沉浸于未来型时间观中的人）对生活更满意，更愿意参与到环保活动中来，并且生态足迹更小。

技巧与方法

时间充裕

既然追求物质富裕无法提升我们的幸福感，也许我们应该多关注一下时间，当你身边的人向你抱怨赶时间、加班、落下进度时说：“没时间。”如果你认为自己的时间匮乏度比自己想的要高，那就找一件能让你变成积极过去型或现在型人的事情做一下吧！

聪明地利用时间

你有没有上过时间管理类的课程？你学到了多少时间管理的方法？后来你应用过这些方法吗？与公众想的不同，研究证明时间管理训练对于我们的时间管理和表现其实起不了什么作用。参加完时间管理训练几周后，大部分人就会重新回到自己往常安排时间的习惯上来。考虑到人们在这些课程上投入的资金，以及相关公司在研发这类课程过程中的投入，这一结果无疑令人非常震惊。之所以这些训练没能产生良好的效果，很可能是因为它们关注的东西是错的——它们关注的是行为本身，而非时间心理学。

技巧与方法

时间管理方法

别对那些时间管理技巧（如记日记、列清单、做标记、手持电子记事簿等）太着迷。即使你能够坚持下去直到最后的热情燃尽，这些方法也无法帮助你在时间方面更有满足感。“代办事项的专政”（Tyranny of the to-do list）可以麻痹我们，让我们忘记其本身可以带给我们的诸多帮助。没错，整理或区分优先次序，这很重要，但它们也需要根据个人的能力和需要灵活应用，它们应该是一个选择，而非累赘。

时间管理的原则

现在，让我们想想看：是什么真正影响着我们对时间的利用，我们对时间感觉如何，我们在多大程度上掌控了时间。

- 利用时间就像我们生活中的其他事情一样，需要用动力激发。我们对时间利用得怎么样，这取决于我们要去从事某件事的动力到底有多强。这也是为什么在时间管理的原则中，“热爱你所从事之事，相信它是值得的”居首位。这一原则还强调生活目标和从事活动之间应保持一致，并与内在动力、融合性动力对应（见第七章）。特别注意，要确保你从事的事情是自己喜欢的；或者，如果你不喜欢你从事的事情，你要确保自己知道为什么要做这件事。如果你不清楚自己行为背后的价值观，为了自己的幸福，你最好对要从事的活动进行重新考虑。

- 平衡原则指的是既定活动和自由选择活动间的平衡，也就是生活中不同领域的平衡。对时间的平衡利用并不意味着要将工作和休闲的时间对半分，更不意味着要花更多的时间去休闲娱乐。平衡其实是很主观的，不同的人会有非常不同的感受。对于某些人来说，每周花一个小时的时间从事自己的兴趣爱好，这就足够了，但是对于另一些人来说，每天花一个小时可能都还远远不够。此外，我们应该注意平衡原则的其他两个构成因素。一是每天给自己留点时间——可以停下来进行反思的时间。之前的研究告诉我们，对自己的时间利用很满意的人往往会不时地给自己留点时间（可以去做任何事，做瑜伽、健身、冥想，或者只是在房间里闲逛）。第二点则是个人划分界限的方法。我们总是认为划清工作和家庭、工作和休闲的界限很重要，但是，你采取什么方法划界限其实并不重要（你可以划清楚明晰的界限，也可以根本就不划界限）——重要的是你采取的方法要符合自己的本性。

• 责任和成就原则指的是“在时间利用方面要更加积极、先发制人，并且不要让自己压力过大（这可以通过区分事物的优先顺序做选择来达到）。此外，它还要求我们有一定的成就感。当人们谈到时间的时候，他们其实也是在谈成就——完成度、按期完成、不断进步。日常生活中（特别是当我们在从事一项长期的项目时），我们很难感到有成就感。为了弥补这一缺憾，我们有必要每天完成一点小事（这些事可以很简单，例如擦张桌子、帮孩子完成作业）。

• 时间焦虑和缺乏控制感是与时间管理对立的，是需要人们去努力克服的。它们指的是：感觉时间在流逝，但自己无法控制时间——这也是很多在时间控制方面不力的人的普遍感觉。要想逆转这些感觉，我们可以发展自己的内在控制点（如通过想象或其他一些方法）。

以上这些原则可能并不全面，但根据我对时间控制的研究经验，我真诚地推荐给大家以上几种方法。

拓展阅读

Boniwell, I., Osin, E., Linley, P. A., & Ivanchenko, G. (2010). A question of balance: Examining relationships between time perspective and measures of well-being in the British and Russian student samples. *Journal of Positive Psychology*, 5, 24-40.

Zimbardo, P. (2008). The Time Paradox: The new psychology of time that will change your life. New York: Simon & Schuster.

第九章

积极心理学
——与生活中的麻烦事战斗到底

笑得甜的人，运气都不会太坏

POSITIVE PSYCHOLOGY IN A NUTSHELL
The science of happiness

压力、局限、挑战、损失、生命中的重大变化（如变老，甚至死亡）是人类生活中不可缺少的一部分。尽管从表面上看来，以上这些问题都是积极心理的死对头，但是有些人却认为，积极心理学不应该忽视它们，而是要研究一下我们应该如何面对这些问题才能让自己的生活更加幸福。

应对困难

应对策略

压力倍增时，我们往往会采取不同的方式来应对困难。研究人员将所有的应对策略归总为三大类：问题聚焦型、情绪聚焦型和回避型。问题聚焦型应对法（Problem-focused Coping）指的是一个人能够找到问题，并采取措施解决该问题。这类策略能够直接改变压力产生的根源，解决问题。情绪聚焦型应对法（Emotion-focused Coping）关注的不是问题本身，而是由问题引发的个人情绪。在这种情况下，如果我们转而向其他人寻求帮助，我们主要寻求的是情绪上的支持（如倾诉这个问题、哭泣、寻求同情等）。一般来说，如果我们首先做的不是解决手头的问题，而是去处理自己的情绪，我们往往会吃一些苦头。但是，一旦扭转了自己的情绪，我们能够更好地进行思考，更精确地判断情况，在苦难中看到机遇。此外，这类应对策略在处理某些无法控制的压力（如丧友之痛）时非常管用，并且，当我们无法“解决”问题时，这些策略也很有帮助。回避型应对法（Avoidance Coping）指的是人们试着否定问题的存在，试着不去想问题（也许在酒精、药物、性爱甚至是工作的帮助下）。

这三大类应对法中的具体应对策略可能有用，也可能没用。比如说，在问题聚焦型应对法中，承担解决问题的责任、建立实际的行动计划是有用的策略，而对拖延症或悲观主义则是无用的策略。同样，精神发泄、情绪释放、寻求朋友的支持是比较有建设性的情绪聚焦型应对法，而深陷绝望的感情、侵犯别人、做白日梦等则完全不是。回避型应对法在短期内也往往是有用的，比如说，如果你去看场电影，和朋友们一起玩玩球，这可以让你分分神，帮助你这一整晚都不用去想那些恼人的问题。然而，如果你长时间分心或者在心理上松懈的话，那可能就大事不妙了，这是因为，问题从来都不会自动消失，没有处理的问题往往会越积越大。

适应性防御机制

心理分析家们认为，以上提到的应对策略都是我们有意识的行为，但除此之外，还有一种无意识的过程能够帮助我们从生活压力中恢复过来。这个无意识的过程被称为适应性防御机制（Adaptive Defence Mechanisms），它是积极而有效的。其中，适应性防御机制包括了预期（Anticipation）、归属（Affiliation）、幽默（Humour）、坚持己见（Self-assertion）、自我观察（Self-observation）、升华（Sublimation）和克制（Suppression）。归属指的是我们能够抄起电话，向朋友倾诉一天的忙碌工作，而不是刻意将之当作一种应对策略。将消极情况重塑成幽默事件，这也是一个常见并且非常有效的方法。升华帮助我们将消极的反应（如侵犯）或强烈的自然欲望（如性欲）转变成为建设性活动。所有的这些防御机制都会不断发展，随着我们年纪的增长而变得愈发有效。越对它们加以利用，我们的适应力就会变得越强。

虽然实用性应对策略和适应性防御机制非常有效，但是我们却很难将这两者区分开来，特别是针对一些具体情况时，它们往往会重合。例如，如果我们意识到了自己的适应性防御机制，那么以后是不是它们就自动归入有意识的应对策略阵营中了呢?

创伤后成长

日常生活中，我们经常会感到很有压力，其中一些压力还会非常巨大。此外，有些时候，我们还会遇到一些能够永远改变我们人生轨迹的创伤性事件，它可能是2004年节礼日那天发生的夺走了上千条生命的海啸，可能是卢旺达的种族灭绝，也可能是强奸、性侵犯、得知自己是HIV携带者或患上晚期癌症、失去自己爱的人（例如孩子）、孩子先天严重残疾、在火灾中失去家园、失去一条腿等等。

这些悲剧（以及很多其他悲惨事件）可能会颠覆我们对世界的看法，我们会失去某些信念（如人是善良的，或世界是公平的），放弃某些目标。然而，即使发生了这些创伤性事件，有些人还是从悲痛中站了起来，并且获得了一定的收获——这种现象被称为创伤后成长（Post-traumatic Growth）。许多人觉得在遭遇困境之后，他们变得更加坚强，对自己以及自己的能力都更有信心。其他人则认为，自己与别人的关系更牢固了（创伤性事件就像一片石蕊试纸，能够帮你看清亲密关系的价值），或者自己对有着同样遭遇的人更同情、更理解了。有时候，人们以全新的眼光审视自己拥有的东西，甚至是那些之前被视作理所当然的小东西。此外，有些人在创伤性事件过后发现了生命的意义或自己的信仰，因此形成了更完整、更令人满意的世界观和生活哲学。

许多宗教学者、哲学家、作家都曾强调过困境中蕴含的积极元素，他们中，有基督教、佛教、印度教、伊斯兰教神学家，以及尼采、但丁、陀思妥耶夫斯基、索尔仁尼琴等思想家（Joseph & Linley, 2005）。奥地利精神病专家维克多·弗兰克尔（Viktor Frankl）在其

《人类对意义的探索》（*Man's Search for Meaning*）（1963）一书中，曾分享他自己在纳粹集中营中的经历。这本书赞颂了这样的一种行为：即使深处绝望的深渊，所有人之为人存在的标志（身份、财物、爱人，甚至是活下去的权利）都被抹杀，依然要寻找人性和意义。

那么，我们该如何在这种创伤性事件中成长呢？首先，你应该试着对正在发生的事情给出解释。当我们试图找出导致事件的原因或机缘时，下面的事几乎是会自动进行的。然后，试着重建自己对整个生命的看法，即认知重建（Cognitive Restructuring）。此时，我们也需要重建自己的内心世界，这往往需要我们改变自己的看法，甚至改变自己。这个过程更刻意一些，如果没有了这个步骤，创伤性事件就没有办法化入我们的生活，这就意味着我们还是无法接受这一事件，在未来面对消极处境时也会像之前一样脆弱。

弗兰克尔相信，若想成功地适应创伤性事件，一个人在逆境中采取的态度（*Attitude*）是最为重要的。弗兰克尔写道："一个人，他的一切都能被夺走，除了……人类最后的自由——在每个既定情境下对自己的态度、自己的道路进行选择。"当我们把创伤性事件看作一项挑战时，就更有可能在经历创伤后成长。

最后，创伤后成长的另一个重要因素是他人的支持（Interpersonal Support）。如果身边的人体谅你，鼓励并允许你释放情绪、不断成长，那你就更有可能成功适应创伤性事件。

有趣的是，创伤后成长不仅与心理健康息息相关，还能影响人的身体健康。例如，比起没有失去伴侣的HIV病毒携带者，那些失去伴侣的HIV病毒携带者在两到三年后疾病发展的免疫参数好得多。

还有一点很重要，成长和痛苦可能并存，事实上，收获和损失之间的平衡才更能帮助我们更好地适应创伤的影响。当然，这并不是说，如果要成长，就一定要遭遇创伤。创伤本身并不好，也不可能好，但是它能给我们带来有意义的个人变化。经历过创伤后成长，一个人可能会变得更加智慧，而这也是我们即将要探讨的话题。

智慧

智慧（Wisdom）能够帮助我们应对复杂、困难的情况。智慧能够帮助我们在创伤后成长，但同时它也可能是创伤后成长的结果——虽然创伤性事件并不是令我们变得更有智慧的必要条件。

近来，在积极心理学领域，关于智慧有两种主要的理论——柏林智慧范式（Berlin's Wisdom Paradigm）和斯滕伯格智慧平衡理论（Sternberg's Balance Theory of Wisdom）。

柏林智慧范式（Berlin's Wisdom Paradigm）

根据柏林智慧范式，智慧是关于基本生活范式（其中包括对行为的关注、生活的目的和意义）的知识。

智慧有五大重要的衡量标准：1. 生活范式（或事实）的丰富、实际的知识——真正掌握更多的信息；2. 如何应对这些范式的丰富知识——知道如何做决定、解决冲突等；3. 生活主题和背景的知识，其中涵盖了自我、家庭、学校、工作，我们要理解它们如何相互联系、如何改变或影响彼此；4. 对不同信念、价值的认可和接受（但这并不意味着价值观的相对论）；5. 对不确定性的认可和管理，以及对模棱两可现象的容忍（承认知识是有限的，我们永远无法完全精确地预测未来会发生什么）。如果一个对生活有深刻认识的人达到了以上五点标准，那我们就认为这个人是有智慧的。

需要注意的是，智慧并不依赖于高超的认知或科学知识。智慧既需要智力要素，也需要对情感、动机的深刻理解。积累解决复杂生活问题的经验，对此加以相关训练，这会帮助我们提升自己的智慧。

柏林智慧学派的研究人员发现，与人们以往想的不一样，每个年龄段的人都能有智慧。尽管在青春期以及青年期，人的智慧会得到快速的积累，但是，在成人以后，智慧的发展却会停滞。

斯滕伯格智慧平衡理论

根据这一理论，智慧是实用智力（Practical Intelligence）和内隐知识（Tacit Knowledge）的结合，主要用来为了公众利益而解决问题。斯滕伯格将这一内隐元素解释为灵活性，欣赏无法用既定规则解释的微妙事物的能力——这一理论模型特别强调平衡。

比方说，智慧需要达到不同利益之间的平衡，包括个人的（自己）、人际的（你周围的人）以及超人的（对所有人、组织、社会、国家、环境有益的事情）。智慧也需要我们找到应对形势、环境的不同方法之间的平衡。比方说，面对同样的情形，我们可以适应它们，可以塑造它们使其适应我们，也可以选择新的、更适应我们需求和行为的环境。

智慧往往被用来解决那些涉及利益冲突，需要应用不同反应策略的复杂问题，在这种情况下，智慧能够帮助我们做出既能解决问题，又能保护公众利益的判断，或对此给出相应的建议。

以上提到的两种方法各有千秋，强调平衡无疑非常重要，然而，“公众利益”这一观念其本身就需要我们做出价值判断。柏林智慧范式看上去包罗甚广，但却欠缺了智慧应有的内隐元素，且该范式比较复杂。此外，这两种模型都没有提到智慧的最重要的组成部分——预测个人行动长远结果的能力。

技巧与方法

觉醒的智慧

在你的心目中塑造一个代表智慧的形象，并与他进行一次对话，这个形象可以是一位圣人、哲学家、老朋友、亲戚，也可以是你的老师。

积极地变老

变老是每个人早晚都会遇到的重大转折，好消息是——现在我们的寿命更长了。但是，还有一个坏消息——变老往往被大众媒体或流行文化“恶魔化”。如果你让人们描述他们对老人的第一印象，你得到的回答大多是“智慧”“迟缓”“生病”“体弱”或“虚弱”。事实上，上面一部分我们讲到过，智慧和年龄没有什么关系（我们的这个普遍想法是错误的）。那么，对于老人的其他程式化看法（巧的是，其他对老人的印象都是消极的）是正确的吗？我们仔细地数着自己脸上的皱纹，认为年老就意味着身体健康状况的滑坡和感官功能的衰退——耳朵变聋，眼睛变花，尝不出味道。此外，认知能力的退化和记忆力的衰退也是年老的表现。而在这不可避免的变老过程中，社交的减少、最终的孤独仿佛也是必不可少的一部分。真的是这样吗？老了以后就一定会这样吗？

研究显示，大部分老人在65岁之后依旧保持健康。20世纪90年代中期开展的一些大型调研显示，78~84岁的老人中，73%的人身体没什么问题；超过85岁的老人中，40%的人身体基本健康。与人们以往的想法不同，如果合理饮食、勤做锻炼，很多健康问题都可以避免。想要健康地生活，不论何时开始都不算晚——我们的身体令人难以置信的宽容。比方说，5年之内，大量吸烟对身体造成的消极影响就可以得到逆转。适当保健，可以创造身体上的奇迹。

只要加以适度训练，我们甚至能够减轻身体官能（包括记忆力）的退化。事实上，即使是年纪大了，人的大脑还是能够继续产生新的神经细胞，而非像我们此前以为的那样。而且，老人也可以学习新事物，只要多用自己的大脑，老人的大脑也可以保持灵活，这一点也同样适用于性生活。但是，很重要的一点是：要保持一如既往的认知能力，老人们应该相信自己，相信自己还能学习和记忆。

美国精神病专家乔治·瓦利恩特（George Vaillant）30多年来追踪调查了两组人（从他们不到50岁时到七八十岁），研究他们的变老过程。他发现，以下六个因素（与预期相反）并不能保证人健康地变老：祖先的寿命（父母的年纪）、胆固醇水平、父母的社会阶级、温暖的童年成长环境、稳定的童年性格（由父母评价）和压力。要想健康地变老，以下七个因素才真正至关重要：不大量吸烟或年轻时（差不多45岁时）戒烟，成熟的适应性防御（如本章前面部分介绍）、不酗酒（适当饮酒完全没有问题）、体重正常、婚姻稳定、锻炼、受教育（受教育时间越长，寿命越高）。

这就好像是说，只要我们付出一点点努力，并且不遇到什么不幸的意外（如被雷劈），成功地变老并不是一件难事，我们也无须为此过于担心。此外，我们不仅可以避免年老带来的诸多问题，反而可以享受变老带给我们的诸多好处与潜力。

举个例子来说，比起年轻人，老年人往往不会患临床抑郁症，而且消极情绪也往往更少（积极情绪数量与年轻人相当）。老年人的情绪更为复杂（如他们能同时感到愉快和悲伤），也更容易满足。他们与别人的关系更为深入、亲密，并且更能从与别人的关系中获得满足。虽然老年人的社会交往数量减少，但这并不是因为他们减少了耗费在有益关系上的时间，而只是因为他们不再去联系那些无关紧要的人——时间变得更为有意义，因此，老年人选择联系对象时更仔细、更有策略，这些深入的社会关系帮助老人们对抗认知机能问题（如老年痴呆症）。对于那些重要的事件，老年人的记忆不会衰退。他们还更懂如何处理人际关系，以多种不同的视角看待人际关系中出现的问题。例如，比起年轻夫妇，老年夫妇在解决彼此之间的争议时消极情绪更少，更关心自己的伴侣。真正把老年人与年轻人区别开来的，是老年人对生活的投入度。他们坚持从事规范的、对自己有意义的活动（不管是智力上、身体上还是社会上），这也是成功变老的关键要素。比方说，研究人员观察到，基布兹社区的人寿命更长，老年生活更幸福。这是因为，在那里，退休并不意味着停止工作，老人仍然承担工作的责任，只是工作的强度根据不同情况进行了调整；此外，那里有广泛、完善的社会支持系统。

此外，感觉有控制力，有能力做决定，态度积极，也是他们健康变老的重要因素。那些自认为比同龄人年轻的人，他们往往自我控制力更强，积极的态度也和记忆力、寿命、健康程度、幸福感、活下去的意愿有着密切的关系。

与大多数人以为的不同，变老并不一定意味着悲惨的境遇，积极地变老可以“让生命更有活力，而不仅仅是让生命更长”（Vaillant，2004：561）。我们不应该把变老看作一个消极的过程，生命的每个阶段都各有其优势和劣势，这主要取决于我们如

何看待它们。我们一般都不会特别关注孩童时期存在的问题，如依赖别人、不自由、没有知识、没有智力，那么我们又为什么一定要盯着变老后的问题不放呢？我们最好把变老带来的变化看成是对自己的挑战，相信只要我们以适当的态度成功地应对它们，就可以把变老的过程转变成能令自己获益颇丰的宝贵经历。

拓展阅读

Vaillant，G. E.（2002）. *Aging well.* Boston，MA：Little，Brown.

第十章

选择多纠结就多

笑得甜的人，运气都不会太坏

POSITIVE PSYCHOLOGY IN A NUTSHELL
The science of happiness

1970年，阿尔文·托夫勒（Alvin Toffler）创作了《未来的冲击》（*Future Shock*）一书。该书是一本影响深远的社会学杰作，告诉我们未来是什么样的，以及我们应该如何学着应对未来。“未来的冲击”指的是：当我们不再能够应对后工业革命带来的快速、巨大的变化以及纷繁复杂的信息时，我们感受到的冲击。此书创作于40多年前，但是时至今日仍然生命常青，与人们认为“未来学书籍寿命必短”的惯常想法背道而驰。尽管托夫勒的预测并没有全部实现，但是他的许多预言真的应验了，比如，学生们现在可以“混搭”自己的学位；18岁就结婚“直到死亡将我们分开”，这早已成为了古老的童话；同性结婚并抚养子女，这一现象也俨然成为文明社会接受的另一种家庭模式。

贯穿《未来的冲击》一书的主要线索是选择过多（Overchoice），以及能剥夺我们自由的自由。20世纪70年代早期，人们正因选择过少、标准化程度过高而深感焦虑。但那时，托夫勒就警告我们，随着财富的日益积累和科技的愈发发达，我们可能遭遇空前的选择危机。其实，这一预言早有征兆：1950年到1963年间，美国超市中销售的肥皂、洗涤剂的品种从65种增加到200种；20世纪70年代，要想买车，一个人得花上好几天的时间研究不同的汽车品牌、型号，才能最后做出选择。那时，工业领域生产的产品种类已经超出消费者的需要或者希望了。

托夫勒为我们描绘了一副“选择过多”的黯淡社会景象，选择变成一个难题，需要我们为此付出更多的力气。我们需要花大量的时间收集信息、研究相关信息，才能最终选定一个小东西，如选购洗衣机（或手机），因此，选择数量的增多直接导致了待处理的信息数量的激增。实验研究发现，选择越多，一个人做出反应的速度就越慢——对此，人类的社会实践也能够加以证明。并且，事实还不仅如此，由于生活节奏加快，我们需要以更快的速度处理所有信息，伴随着超负荷的信息数量、信息速度而来的，是我们在认知上受到了过度的刺激。我们变得麻痹、木然，不知该如何选择、做出怎样的决定。并且，要做出一个决定，我们心理上承受了巨大的压力，可能会导致抑郁、性格障碍、神经质、心理苦闷等问题。最后，多样性、个性化带来的诸多好处，都被人们做决定过程的复杂化抵消了，托夫勒写道：

然而，人们是否已经做好准备应对不断增加的物质、文化选择，这是一个完全不同的问题。因为，在未来，选择不仅不会解放个人、带来自由，反而会变得非常复杂、困难、代价高昂，因而对个人形成束缚。一言以蔽之，在未来，选择会变成选择过多，自由会变成不自由。

2000年，美国斯沃斯莫尔学院心理学教授巴里·施瓦茨（Barry Schwartz）发表了一篇名为“自我选择：自由的专制”（“*Self-determination: The Tyranny of Freedom*”）的论文。[1]在这篇文章中，他提到了自由、自主带来的心理问题，指出更多的选择并不一定是好事——相反，事实上，更多的选择会让我们的生活变得更糟糕，而非更美好。这话听起来很熟悉吧？不过遗憾的是，在对积极心理学传统的回顾中，施瓦茨并未提及托夫勒的著作以及智慧，虽然如此，施瓦茨的论述（2000）其实是对托夫勒思想的响应和延伸。

选择过度不再仅仅是一个令人担心的未来，而变成了我们当下活生生的现实。2004年，超市中差不多有360种不同的洗发水、护发素、发胶和摩丝。不论是否乐意，我们都要在购物的过程中做选择；此外，我们还要选择自己的养老金方案、手机服务供应商，并且选择以何种方式工作（兼职工作、全职工作、灵活工作、在家工作、在旅行中工作等），发展怎样的关系……甚至我们还可以选择自己的身份。比方说，我自己可以选择的身份就有：拉脱维亚人、俄罗斯人、英国人、欧洲人、世界公民、年轻女性、母亲或学者。我是谁呢？我可以是以上各种身份中的任何一个，也可以是以上所有的身份。

在西方社会，自由、自主、选择被认为是心理健康的前提条件（参考第六章自我决定模型）。但是，同时我们也看到抑郁症甚至自杀数量显著增加，特别是在年轻人中。自由是有代价的，要获得自由，我们需要承担相应的责任。选择的代价也不小，需要我们在选择的过程中付出。

根据施瓦茨的理论，日益扩张的选择和自由会带来以下三个主要问题：

信息问题（Information Problems）——如何获取所有选项的所有信息，以做出明智的选择。

错误问题（Error Problems）——选项越多越复杂，我们判断失误的概率就越大。

心理问题（Psychological Problems）——过多的选择令人焦虑。它并不能让人在心理上感到更幸福，事实恰恰相反：选择越多，幸福感越低。

一些实验证明，选择不仅不能给人自由，反而会令人泄气。其中一项实验中，实验人员将实验参与者带到超市中，让他们品尝不同种类的果酱。一组实验参与者品尝了6种不同的果酱，而另一组则品尝了24种果酱，所有这些果酱都是开架销售的。实验过后，第一组实验参与者中，30%的人购买了一种果酱，第二组中则只有3%的人购买了果酱。在另一项研究中，两组学生分别被要求品尝6种、30种不同的巧克力，并对其打分。结果显示，相比较而言，品尝6种巧克力的学生对巧克力的满意度更高，这些实验结果真的是出人意料。是不是选择越多，你找到自己真正喜欢的东西的可能性就越大？你能不能真的忽略其他的选项？

不幸的是，尽管你可能在思想上认为自己能忽略其他的选项，但实际上在心理层面你却根本做不到，我们迷失于纷繁复杂的各类选项中。施瓦茨说得对："有选择是好的，但是这并不意味着选择越多就越好。"

事实上，过多的选择可能会导致选择数量的大幅减少，明星大厨杰米·奥利弗（Jamie Oliver）在其节目中向人们介绍如何在学校里吃得健康（并且美味）。在观看这一节目的过程中，你也许会注意到，现在，很多孩子吃的食物种类出乎意料地少，许多孩子甚至没吃过草莓，不认识芦笋！而这些生活在英国的孩子，他们可选择的食物实在是多得数不过来。为什么会这样呢？因为选择太多，人们很难做出明智的选择，因此家长们盲目地根据广告宣传来购买食物，变成了商业广告的奴隶。此外，托夫勒和施瓦茨好像都没注意到，过多的选择其实会导致标准化的问题。标准化（对于生产商来说经济效益更可观）可能是消费者应对选择过多问题的一个方法，但是，消费者购买商品时的标准化会导致产品生产的进一步标准化，以及标准化产品内部的多元化。这就是为什么我们能够在英国的超市中找到至少15到20种不同的橙汁，但却找不到一款梨汁或樱桃汁。

对选择过多问题的人格反应

我们可以把所有做选择的人分为两大类：知足者（Satisficers）和最大化者（Maximizers）。知足者只需要获得"够好"的、够满足自己要求的东西，他们会考虑各个选项，直到发现那个能够满足自己基本要求的选项并选择它。最大化者则需要获得最好的东西，因此他们会研究所有不同的选项。对于那些想去最好的大学、获得最好的工作、开最好的车、穿最好的衣物的最大化者来说，过量的选择可是一个大问题。因为，选择越多，他们就需要付出越多的努力来分析研究所有的选项。

最大化的陷阱

追求最大化是要付出代价的——如果你想得到最好的，那么你就要做好准备付出最大的代价。以下是最大化的代价：

- 后悔（Regret）为自己没有得到“最好的”而事实上或者在预期中感到后悔。如果另一个选项更好，那该怎么办呢？如果我买了这辆车后后悔了该怎么办呢？
- 机会成本（Opportunity Costs）这是在追求最大化的过程中我们失去的选项的成本，我们做的每一个选择都有其自己的机会成本。
- 期待的提高（Escalation of Expectations）选择越多，最大化者的期待就越高。
- 自责（Self-blame）在一个一切皆有可能的世界中，任何一种失败都没有借口，最大化者往往会将高期待与对失败的个人责任结合在一起。
- 时间（Time）那些用来选择厨房用具的时间，本来是可以用来陪伴孩子或者朋友的。

说实话，最大化者往往在生活中更为成功，但是知足者的自我感觉却会更好。比起知足者，最大化者的起始工资每年平均高出了七千美元，但是，他们对工作的满意度却还不如知足者，这就是为什么有的时候多即是少，或者多出来的那些根本什么都不值。

表10.1 最大化

最大化会带来	后悔、吹毛求疵、抑郁、攀比、神经质
最大化不会带来	幸福、乐观、对生活感到满足、自尊

该如何应对

在这一部分，我们要变得积极起来，看看普通人怎么做才能将自己从选择的专制中解放出来。在《未来的冲击》一书中，托夫勒提出以下几点应对方法：

• 我们可以中止做决定的过程，让自己从过度的感觉刺激、认知刺激中缓过劲来。

• 我们可以与一些物品保持长期的关系，“这样，我们就不用去买那些浪费时间、金钱的东西了，我们可以再穿着那件旧夹克过一季，可以坚决地抵制最新的流行趋势，可以在汽车销售人员告诉我们该换车了的时候忍住不换”。

• 我们可以构建“稳定地带”，如此，当我们生活中的其他方面出现混乱和变化时，我们就可以保持自身平衡，长久的关系、工作、日常习惯就可以成为这种不变的稳定因素。

施瓦茨也提供了一些有效的方法：

• 我们可以学会更加知足，接受“够好”。例如，不必一定要让孩子有最好的教练、老师、课外活动，但是要在那里陪着孩子。

• 我们可以降低自己的预期。任何经历，其实际情况和我们的预期比起来都可能会相形见绌，不合理、未达到的高预期可能会导致抑郁。

• 我们可以试着避免攀比，设定自己的标准。

• 我们可以减少后悔，为生活中已拥有的美好事物感恩。

• 我们可以练习在不同的环境中应用不同的选择方式，知道什么时候值得我们做出选择。如此，只有当我们遇到真正重要的事情时，我们才会变成最大化者。

• 我们应该试着坚持自己的选择，保持心意不变，这是减轻焦虑的另一个办法。

• 我们可以试着欣赏限制，也许，有些限制（如亲密关系、孩子、工作带来的限制）其实是人生中的福气，因为它们能够减少我们的可选项。如果我们为某件事建立了规则并遵守这一规则，我们可以免于做决定。

最后，让我们记住，选择能提高人的自由，但是这种提高有一个度，一旦超过了这个度，选择反而是对自由的限制。

拓展阅读

Schwartz，B.（2004）. *The Paradox of Choice：Why More is Less.* New York：Ecco Press.

注 ① 此后，他又就这一主题写了其他一些相关论文，并创作了《选择的悖论：用心理学解读人的经济行为》（*The Paradox of Choice：Why More is Less*）（Schwartz，2004）一书。

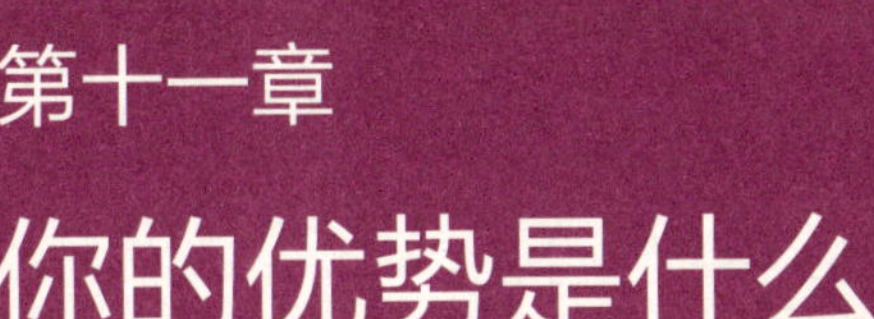

第十一章

你的优势是什么

笑得甜的人，运气都不会太坏

POSITIVE PSYCHOLOGY IN A NUTSHELL

The science of happiness

优势的价值

如果让你列举一下自己的优势，你会怎么回答呢？大部分人都不愿意谈论自己的优势，有些人甚至根本不知道自己的优势是什么。这种现象不仅出现在英国，我们在大部分欧洲、亚洲国家都会发现类似的情况。但是，优势重不重要呢？当然重要。不过，与其就自己的优势夸夸其谈，还是讲讲你自己的缺点吧。

优势运动的倡导者对此则有完全不同的意见，他们认为，以下两种广为流传的、针对人类天性的说法有待商榷：第一，通过学习，每个人都能掌握几乎从事所有事情的能力；第二，人类成长的最大潜力蕴藏于人的最大缺点之中。①

此外，我们往往会认为，成就高的人给自己设定的目标也高，成就低的人给自己设定的目标也低。然而，研究发现，高成就者清楚地了解自己的能力，设定的目标只比自己现在的实际水平高一点点；相反，那些成就低的人则不清楚自己的能力如何，往往给自己设定的目标都高得离谱。基本上来说，高成就者根据自己的天赋和优势打造自己的个人生活和事业，他们懂得如何识别自己的天赋，并进一步锻炼自己，他们会发现最适合自己的角色，并且找到不同的方法将自己的天赋和优势应用于自己的生活中。至于他们的劣势或缺点，他们会管理、控制自己的劣势，而非放任它们。

对于优势的价值进行的跨文化研究显示，了解并发展自己的优势，能够：

- 增进你对生活的认识；
- 帮助你在面对压力时不那么痛苦；

- 促进产生乐观心态和适应力；
- 令你更有方向感；
- 帮助你建立自信和自尊；
- 令你更有活力、精力；
- 令你产生幸福感、满足感；
- 帮助你实现自己的目标；
- 使你能够更投入地工作，表现得更出色。

此外，发展某些优势，能够帮助我们适应某些机能障碍及心理障碍，很好地缓冲相应的压力。比方说，乐观心态可以缓冲抑郁的压力，运动中的“沉浸”状态可以缓冲运动员滥用药物的欲望，工作道德和社会技巧可以缓冲精神分裂。此外，勇气、前瞻性、信念、希望、诚实、坚持等也是一些非常重要的缓冲优势。

一些研究人员甚至认为，成功的心理治疗使用的疗法中大部分都是优势疗法。不论其坚持的理论方向为何，好的心理治疗师在对病人的诊疗中都不会仅仅使用创伤治疗法，而是会普遍应用一些相同的方法，如向病人灌输希望，帮助他们建立性格缓冲优势。

优势是积极心理学的核心主题，因为对优势的认识直接关乎我们对生活中积极方面的理解——我们试着去理解并拥有健康的心理，而不仅仅是研究如何治疗心理疾病。

关于优势及其测量，现在有三种主要的研究方法：优势和美德行为价值分类（VIA Classification of Strengths and Virtues）、盖洛普优势识别器（Gallup’s Strengths Finder）和应用心理学中心Realise2（CAPP’s Realise2）。

优势和美德行为价值分类

精神病专家和临床心理学家们几乎人手一本心理学圣经——《诊断与统计手册》（*DSM: Diagnostic and Statistical Manual*）。这本伟大的巨著是心理疾病治疗从业者的宝典，它给人们留下了这样一种印象：我们已经对精神疾病有了科学的认识，掌握了它们的分类方法（当然这一观点本身非常值得讨论）。这本书详细描述了精神分裂、人格障碍、心理变态等精神问题的症状，以帮助专业人士评估某个人的心理到底出了什么问题（但是，请注意，如果你通读这本书，没准你会觉得自己患上了书中提到的所有精神疾病）。然而，2004年之前，市面上却没有一本描述、衡量健康心理的高质量书籍。

这一现象促使积极心理学运动的两位领军人物克里斯托弗·彼得森（Christopher Peterson）和马丁·塞利格曼创作了一本健康心理指南，即优势和美德行为价值分类（以下简称VIA）。这一指南经常被戏称为“非DSM”，他们对于优势和美德的分类主要基于以下几点认识：

- 就其重要性而言，优势并不次于缺点，优势并不是虚幻的或者附带性的；
- 我们可以科学地认识人的优势；
- 优势因人而异，各有不同；
- 优势与性格特点类似，但是优势会受到环境因素的影响。

一开始，彼得森和塞利格曼试着用不同的方法将性格优势归类，他们与顶尖的研究者一起集思广益，与心理学会议的与会者广泛讨论，研究心理学、哲学等各个领域对于优势性格的描述。

他们发现了成百上千个潜在的性格优势，因此，他们应用了10个标准来提炼其中最主要、最具普遍性的优势。其中，最主要的几个标准为：

- 优势帮助个人及其周围的人过上美好的生活；
- 不论优势是否能带来有利的结果，优势其自身就有道德价值；
- 展现自己的优势并不会危及他人，相反，展现自己的优势能裨益他人，招致仰慕而非嫉妒；
- 优势的对立面一定不会是什么好的东西；
- 优势一定要在个人表现、思想、感觉、行动等各方面有所表现，它广泛存在于不同的情境与时间中。

由此，彼得森和塞利格曼确定了24种性格优势（Character Strengths），这些性格优势能够帮助我们获得核心美德（Virtues）（核心美德是哲学家和宗教领袖们推崇强调的核心普世价值）。他们将优势归于六项核心美德之下，这六项核心美德为：

- 智慧（Wisdom）——知识获取和运用上的认知优势；
- 勇气（Courage）——或内或外遭遇阻力时，依然能够顺利完成任务的意志优势；
- 爱，人道（Love，Humanity）——人际交往优势；
- 公正（Justice）——公民优势；
- 节制（Temperance）——抵抗“过度”的缓冲优势；
- 自我超越（Transcendence）——个体与世界建立联系的优势。

VIA分类法将优势和天赋区分开来，尽管VIA分类法对优势和天赋之间的区分并不非常明晰，但天赋被认为是天生的，是个人主观较难改变的；此外，在VIA分类法下，优势被认为是在不同文化环境下都具有道德性的，而天赋则无关道德（你能够让自己更加勇敢、乐观，但却无法随心提高自己的音调或奔跑速度）。有些人可以浪费自己的天赋，但我们却很少听说有人会浪费自己的优势。

表11.1总结了VIA分类法下的优势和核心美德，然而，这样一种对优势的分类是值得商榷的。例如，现在归于“节制”美德之下的“宽容”，似乎更应当被归到“公正”之下，并且，感恩、幽默、对美的欣赏等优势好像和自我超越也没有多大的关系。实际上，哪些优势具体归为哪一种美德，这并不是板上钉钉、不可改变的。例如，2001年该分类法建立之初，“热情”被归为“自我超越”之下；2004年的时候，“热情”却被转移到了“勇气”的阵营之中。

积极心理学的一大目的就是帮助人们找到自己的特征优势（Signature Strengths），特征优势即那些能表现你“真实自己”的优势，当你发现并利用自己的特征优势时，你会感到兴奋。在自己的特征优势方面，你会很快脱颖而出。并且，你会非常急切地想要将自己的特征优势应用到实践中去，而当你真正利用它们时，你会感到备受鼓舞、斗志昂扬。一旦你发现了自己的特征优势，你可以将它们应用到工作、人际关系、玩乐、家庭等多个不同领域中去。

表11.1　优势和核心美德的VIA分类

智慧与知识	• 好奇心与对世界的兴趣（对多种不同的学科感兴趣）
	• 好学（为了知识本身而积累知识）
	• 洞察力、智慧（有全局观，明智、智慧）
	• 创造力、独创性、原创性（找到做事情的新方法，有常识）
	• 开放性思维、批判性思维（理性思考，给出合理判断）
勇气	• 勇敢、大胆（有自己的立场，克服恐惧）
	• 毅力、坚持、刻苦（做事有始有终，不偏离方向）
	• 正直、真实、诚实（信守诺言、待人真诚、思想开放）
	• 热情、激情、活力（尽情感受生命，精力充沛）

续表

爱，人道	• 爱与被爱的能力（珍惜与他人的亲密关系，保持亲密友好的关系）
	• 善良、慷慨（乐于帮助他人，理解关怀他人）
	• 社交能力、人际交往能力和情商（理解他人的感受以及自己的感受，与他人在一起感到自在）
公正	• 公民意识、团队合作、忠诚（在团队中友好协作）
	• 领导力（组织、领导、激励其他人）
	• 公平、平等（做到对所有人一视同仁，不因个人偏见而有所偏倚）
节制	• 自我控制、自我调节（控制情绪，遵守纪律）
	• 谨慎、小心（避免危险，对自己的决定谨慎小心）
	• 谦逊、谨慎（客观评价自己的位置）
	• 宽容、宽恕（原谅并且遗忘）
自我超越	• 对美和卓越的欣赏（创造美与卓越，受到美与卓越的启发、升华）
	• 信仰、目的感、信念、宗教（明确生命的意义，对更高的目标拥有坚定一致的信念）
	• 希望、乐观、面向未来（对未来充满希望，为未来做计划）
	• 感恩（感谢别人，铭记恩德）
	• 幽默、玩乐（带给他人欢乐，快乐工作）

该表由Peterson & Seligman（2004）*Character Strengths and Virtues: A Handbook and Classification*一书授权使用。

盖洛普优势识别器

倘若，这个世界非常简单，我们只有一种优势分类方法，这该多好啊！但是，不幸的是，我们的人生可从来都不简单——我们的生活中充满了各种各样的选择。万一你觉得以上这24种优势不够用的话，

下面我会介绍另一种分类方法，该分类由盖洛普集团的科学家（也是商人）唐纳德·克里夫顿（Donald Clifton）、爱德华·安德森（Edward“Chip”Anderson）首创，其中包含了34种优势。通过采访全球成千上万名成功人士，他们试图理解是什么使这些人在各自的领域中脱颖而出。他们找到了职场中34种普遍存在的天赋/优势，但是，他们对于优势的理解却与上文介绍的VIA分类法大相径庭。

根据优势识别器来看，天赋是优势的根本。天赋是一种自然存在的、不断重复的思维、感觉、行为模式，可以应用于多种不同领域，它是一种去做某种事情的能力。天赋可以根据不同的主题进行归类（将相似天赋归为一组），优势则是在某一特定活动中持续高水平表现的一种能力。如果说，天赋是未经雕琢的钻石璞玉，那么优势就是经过切割、抛光加工后的钻石成品，因此，优势是以知识和技巧对天赋进行加工精炼后得到的成品。充分发展、应用合理的优势能够带来卓越与成功，对优势进行发展并加以应用，需遵循以下几个原则：

• 理解自己的天赋，相信自己的天赋；

• 珍惜自己的天赋，对自己的天赋负起责任来；

• 理解自己的动机，知道为什么要去做一件事，明晰自己的生活目标和目的；

• 建立友爱、互助的亲密关系；

• 重现曾经的成功经历；

• 运用自己的天赋和优势；

• 教别人如何培养、运用自己的天赋和能力（这也能帮助你自己更好地理解自己的天赋和能力）。

如果你已经实现了自己的天赋/能力，就应该好好考虑一下哪项事业与自己的天赋/能力最为契合。根据自己的优势，你可以用不同于别人的方法来做某件事情（如学习某样东西）。如果你的优势是和谐，也许就需要从你认同的地方入手开始工作，然后再向其他地方拓展；如果你的优势是分析，就可能会率先处理争论中的微妙差别，质疑已有的意见，拒绝盲从已有的经验，然后再试着得出一个中肯的结论。

表11.2　盖洛普研究中的优势

◆ 成就（追求目标，生产力，从成果中得到的满足）
◆ 专注（决定事情的优先顺序，确立目标，保持高效）
◆ 行动（做事情的精力）
◆ 适应（根据环境的需要而自我修正，适应力，灵活性）
◆ 分析（理解因果关系，批判性思维）
◆ 统筹（组织，协调，合理整合人与资源）
◆ 信仰（坚持某种价值、理念，找到生命的意义）
◆ 统率（解决矛盾和危机的能力、负责的能力）
◆ 沟通（解释，澄清，善于交谈）
◆ 竞争（努力追求卓越、成功，渴望获胜，与别人进行比较）
◆ 前瞻（关乎未来，看到不同的可能性，激励他人）

续表

◆ 和谐（找到事物相似点的能力，避免冲突）
◆ 构思（创造性，原创性，新想法和新理念）
◆ 包容（帮助别人团结起来，更加实际高效）
◆ 个性化（把别人当作不同的个体对待，认识到他们的天赋，关注他们的不同）
◆ 搜集（积极获取知识）
◆ 思维（思考的不同方向，有智慧地讨论，解决问题的方法）
◆ 学习（享受学习的过程，关注自己的进步）
◆ 最大化（发展提高个人或集体的优势）
◆ 关联（将理念和实践与有意义的整体建立起关联）
◆ 公平（平等，公平，坚持是非观）
◆ 回顾（参考历史模式，有全局观）
◆ 审慎（做出好的选择，认真仔细，考虑到所有的可能性）
◆ 伯乐（看到别人的潜力并在别人的发展中慷慨相助）
◆ 纪律（组织，守时，秩序，结构）
◆ 体谅（理解别人，建立良好的人际关系）
◆ 积极（热情，乐观，兴奋，激励别人）
◆ 交往（建立亲密的人际关系）
◆ 责任（值得信赖，义务和承诺）
◆ 排难（识别问题并有能力解决问题）
◆ 自信（自信，独立思考）
◆ 追求（渴望被认可，努力）
◆ 战略（认清利弊和全局，制订适当的行动计划）
◆ 取悦（快速与别人建立联系，建立团体/关系）

技巧与方法

发现并应用你的优势

根据表11.1优势和核心美德的VIA分类，你认为什么是你的特征优势呢？你可以针对这24种优势从1到10进行打分。请注意，此处打分并不是衡量你想拥有哪些优势，而是你认为你自己已经拥有哪些优势。找出得分最高的优势（得分前五六名的优势，或者前8名的优势），并据此提出一些问题："我真的是这样吗？我喜欢运用这些优势吗？运用这些优势时我感到精力充沛或兴奋不已吗？"一旦你找到了自己的特征优势，思考一下该怎样将其应用到生活的各个重要方面。你也可以根据表11.2盖洛普研究中的优势进行同样的联系，并比较得出的结果。

应用心理学中心Realise2

近年来，一种新的优势定义、分类、测量、应用法正得到越来越多人的关注，这就是由应用心理学中心（Centre for Applied Positive Psychology；CAPP）研制开发、投入市场的Realise2。这一方法正迅速发展，很快将成为英国人首选的优势分类法。

Realise2远超以上提到的两种分类方法，为我们提供了超过60种不同的优势（从"行动"到"职业道德"）。

Realise2并不仅仅是将优势的数量进行了最大化，它还根据个人感受、成果表现、使用频率等因素对实现的优势、未实现的优势、习得的行为、缺点进行了区分，以此加强了我们对优势的理解。

- 实现的优势（Realized Strengths）是你已经意识到并且加以运用的能力，它能令你充满活力，使你能够做出最好的表现，同时也是你经常利用的，你应该根据不同的环境、情况配置利用这些优势。

- 未实现的优势（Unrealized Strengths）是你受制于环境和工作形势不能够经常利用的优势，然而，一旦你有机会利用这些优势，你会感到自己充满活力，并且能从中获得极大的满足。你应该最大化地利用这些未实现的优势，寻找机会更经常地发展、利用它们。

• 习得的行为（Learned Behaviours）包括那些你在很长一段时间内学习并掌握的行为，然而，你并不能从这些行为中获得乐趣，相反，你会觉得它们令人丧气、无聊。因此，你应该控制使用这些行为，只在真正需要的时候使用它们。

• 缺点（Weaknesses）指的是你表现不好，只能将你的精力榨干的事情。它们可能会导致问题的产生，因此你应该将它们最小化，以防它们妨碍你在生活中取得成功。你可以利用你的优势来弥补缺点，重塑职业角色，找到互补的伙伴或团队等。当以上一切都不奏效时，看看如何能够改变、发展自己的这些缺点，让这些缺点至少能够“过得去”。

怎样发挥你的优势

尽管不同的理念之间千差万别，尽管对于优势我们有各种不同的分类方法，优势理论在对优势功能的认识上还是有很多的共同点。它们都提倡在职场中引入以优势为基础的框架体系，衡量员工的优势，在招聘中应用优势理论。此外，它们都认为，如果发挥了优势，个人可以实现功能的最优化，更轻松地取得成功。在积极心理学的讨论中，我们很难找到与此相左的意见。但是，关于优势理论，我们还是需要注意以下几点：

首先，我们尚不清楚这些优势分类法是否全面。比方说，以上分类中都没有提到节制、自我意识、耐心、自发性等，也许是因为它们并不能满足某些标准。但是，这些标准是怎么选定的呢，为什么我们会认为这些标准是合理的呢？我们把优势的数量控制到可控的范围内，这会不会将生活过分简单化，因此对那些自身优势不在以上之列的人不利呢？

积极心理学认为问卷调研方式是认识个人优势的最佳方法，但是事实可能并非如此。几年前，我完成了VIA问卷。当时，“乐观”是我的5大优势之一，对此，我毫不吃惊。但是，我有3个好朋友后来分别跟我说过——我是他们见到过的所有人中最“消极”的，因此，我开始质疑我自己的“特征优势”。我表面上看起来是快乐、乐观的，但是内心却很悲观；我只是盲目相信自己是个乐观主义者，而这份问卷只是反映了我自己的这一偏颇认识。

此外，尽管我也相信专注所长能助人成功，但是，有时候我却在想，这会对性格发展产生怎样的影响。优势理论非常符合美国的以成就论英雄的意识形态，在事业竞争上，我们确实需要利用自己的优势以取得成功。优势能够帮助我们脱颖而出，赢得竞争，但是，如果“赢”并不是我们真正在乎的呢？

并且，对于缺点我们就真的不需要再付出努力了吗？如果你是一个很有天赋的网球手，前手很厉害，但是后手有缺陷，那你是不是就直接忽略自己后手的缺点呢？如果说你在自己非常在意的方面有缺点，这该怎么办呢？比方说，在学习知识上你有很多的优势，但在感情方面你有点问题。但是，不论如何，你还是想要与别人建立长久、深远的亲密关系。这时，你还是应该只关注自己的优势方面吗？

在某种程度上，优势理论和一个论证充分的积极心理学理论——“心态论”（Mindsets）是冲突的。心态论由卡罗尔·德韦克（Carol Dweck）提出，他假设，人的能力在出生后就保持固定不变，因此即使我们的能力水平较高，但在遇到超乎意料之外的困难挫折时，我们还是会很“无助”。举个例子来说，我认为自己很聪明，但是我遇到了一道解不开的数学题，这使我意识到自己并不是那么聪明，如此，我还有什么努力的必要呢？这种所谓的固定心态（Fixed mindset）与成长/灵活心态（Growth/Flexible Mindset）恰恰相反。成长/灵活心态认为，人是可以锻炼培养的，通过自己的努力可以也能够改变自己。这些人以更好的心态面对失败，他们会继续努力，而不是认为自己不够好，并且放弃努力。因此，优势运动的另一个问题就是它也许会“固定”某些优势，将它们视为天生的，因此也就会遇到“固定心态”可能遇到的所有问题。在所有的优势理论中，林利（Linley）好像是唯一一个认识到这一问题的人，他指出：“我们的优势并非生来就是固定的，而是在我们生命之旅中通过经历诸多困难而逐渐产生、形成、发展的。”

最后，如果一个人对自己的优势进行了过度的发展，会怎样呢？过度的创造可能会造成混沌状态，过度的好奇、勇敢、乐观可能会导致行为鲁莽，过度的坚持可能会变成顽固不化，过度的善良可能会演变为骄傲自大，过度的公民意识可能会滋生民族主义情绪，过度的宗教信仰可能会引发宗教狂热。不过，Realise2 分类法其实认识到了以上这些危害，认为利用优势时一定要不断进行校准，就像使用声音控制按钮一样。因此，我们的答案其实是，就像很多其他事情一样，我们应该注意适度原则，保持平衡。

拓展阅读

Dweck，C.（2006）. *Mindset：The new psychology of success.* New York：Random House.

Linley，A.，Willars，J.，& Biswas-Diener，R.（2010）. *The strengths book.* Coventry：CAAP Press.

注 ① 我个人同意第一条假设，但是对于第二条假设却有不同的意见。如果我们用数学的方式表示优势和劣势，其中优势为正数（大于0）、劣势为负数（小于0），我们会发现，将-5的劣势提升为+10的优势，其难度远大于将+5的优势提升到+10。

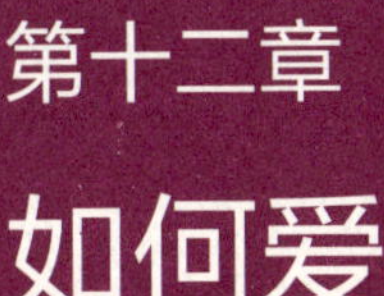

笑得甜的人，运气都不会太坏

POSITIVE PSYCHOLOGY IN A NUTSHELL
The science of happiness

“归属的需求”是人之为人最基本的特点之一，自我决定理论（见第六章）将此称为“归属需要”——与人亲近、建立安全关系的需求。当这种需求得到了一定的满足，我们会产生积极的情绪和感受，然而，如果我们长时间都是孤身一人，我们往往会情绪低落，感到不满。

归属的需求和另一种人类基本需求共存，那就是拓展自我边界的需求。自我拓展可以通过多种方式实现，其中包括积累物质财富、赚钱、追求权力、提高影响力以及爱。爱可以使作为个体独立存在的“我”和“你”互相融合，成为“我们”。

积极心理学非常重视人际交往。关系（特别是那些亲密的关系）被认为是幸福的预测因素：40%的已婚人士认为自己“非常幸福”，未婚人士中这一比例只有23%。许多珍贵的优势（爱、善良、情商、宽容、团队合作）也与人际交往的天性有关。感情生活稳定的女性排卵期更规律，并且相对而言较晚进入更年期。父母婚姻稳定，孩子往往也会相比较而言在学业、心理健康、人际关系上表现得更出色。

我们现在对于爱的看法其实是近年来才逐渐产生的（尽管我们在爱中的基本经历其实与过去没有什么不同）。比方说，中世纪时爱的形式一般是“典雅的爱”——仪式性的、充满激情的爱，但相爱的两人却往往最后并未结合（这也就意味着这些爱大多没有圆满的结果）。在西方社会，直到18世纪，爱和婚姻才结合了起来。现在，爱被看成是牢固婚姻的必备因素，但考虑到激情之爱往往维系不了太长时间，因此现在的亲密关系也大多短命。现在，我们往往会将友谊作为长久相爱的基础。

爱的模式

爱有许多种不同的模式和概念，以下只探讨其中的几种。本书选择这些爱的模式，主要考虑到它们在积极心理学界非常流行，或者它们有坚实的理论和（或）实验基础。

依恋理论（Attachment Theory）

依恋理论被视为人际关系方面最重要的理论。这一方面是由于该理论不仅解释了孩童期的关系，也解释了成人间的关系；另一方面是由于相对于其他爱或关系方面的理论，该理论被更广泛地用作其他理论研究的基础。

这一理论的基本概念为：在婴儿身上有一种天生的依恋系统，能够让婴儿对自己的看护者感觉亲近，以此提高婴儿的存活率。一个正常的一岁婴儿在母亲面前往往会玩得非常高兴，但是一旦母亲移动或者离开，孩子就会感到焦躁并开始哭泣，以试图重新建立与母亲的亲近关系。然而，尽管这是婴儿行为的一般模式，心理学家却发现并非所有的婴儿都遵循相同的依恋模式。他们应用陌生情境（Strange Situation）测验对孩子与母亲之间的依恋关系进行了研究。在测验中，研究人员让陌生人在一间屋子里照顾一岁的婴儿，婴儿的母亲则不能出现在屋子中。通过观察与母亲团聚后婴儿的反应，研究人员界定了依恋关系的三种不同模式。安全型依恋（Securely Attached）模式的儿童当妈妈不在时会感到焦虑、烦躁，但是一旦妈妈回到自己的身边，他们会很快恢复。其他的孩子则更为焦虑，很多时候甚至会很黏人，他们会因为妈妈的离开而感到痛苦，妈妈回到自己的身边后会拒绝妈妈的抚慰，还要继续哭闹上很长一段时间，这一模式被称为矛盾型依恋（Ambivalent attachment）。此外，还有一组孩子，他们看上去并不为妈妈的离开而有所触动（虽然所有的心理指标都显示，他们其实很难受），并且当妈妈回到自己身边后，他们也刻意回避与妈妈的接触（转移视线，忽略妈妈提出的游戏邀请，等等），这一依恋模式为回避型（avoidant）。

你也许会想，一岁孩子的反应并不能真实反映爱的模式，但是，研究发现，孩童时期的依恋类型可以预测其成人后的依恋类型。安全型的孩子长大后往往会成为自主型（Autonomous）成年人，矛盾型的孩子长大后往往会成为焦虑矛盾型（Preoccupied）成年人，回避型的孩子长大后往往会成为回避轻视型（Dismissive）成年人。有趣的是，陌生情境测验中孩子们表现出的依恋类型往往也会和其家长相对应（如，自主型成年人的孩子往往是安全型的）。此外，成人时期的依恋类型可能会影响到人们在爱情中的表现。

• 自主型（Autonomous）成年人认为接近他人并不是什么难事，他们更愿意信赖别人，同时也值得被别人信赖，此外，他们习惯于互相依赖。自主型依恋模式下的人往往会用创造性的方法解决问题，他们更自尊自强，不容易抑郁，离婚率也更低（Peterson& Seligman，2004）。

• 焦虑矛盾型（Anxious/ Preoccupied）成年人希望在爱情中与别人尽可能地靠近，希望能够与别人融合，而这往往会吓到别人。他们经常会担心自己的伴侣不再爱自己了。

• 回避轻视型（Avoidant/Dismissive）成年人与前面两种类型都不相同，他们不愿意与别人接近，很难相信或依赖别人。他们珍视自己的独立、情感距离，并且他们很容易在感情中打退堂鼓。

近来，实验研究进一步验证了成年人的依恋理论。接受你的伴侣的依赖，这可以帮助他们变得更为独立，帮助他们独立探索、独立实现自己的目标，并感到独立、自强、自信以及有能力。更重要的是，接受伴侣的依赖，六个月后你的伴侣的独立性会有所提高。母亲接受孩子的依赖，这能够帮助孩子学会独立、学会分离；接受成年人的依赖，这能够增进他们的安全感，让他们有信心独立探索世界。下一次，当你发现另一个成年人想要依赖你时，在拒绝他这一“幼稚”的行为之前，你一定要三思而行。

爱情三角理论（Triangular Theory of Love）

爱情三角理论由心理学家罗伯特·斯滕伯格（Robert Sternberg）提出，也许你还记得，斯滕伯格也是智慧平衡理论的创始人。在其创作的《爱情三角：亲密、激情和承诺》（*The Triangle of Love: Intimacy, Passion, Commitment*）一书中，他一开始有些悲观：他观察到，激情之爱的出发点太高，以至于不论未来它会走向什么方向，它总会走下坡路——除非还有点激情之外的东西存在。斯滕伯格认为，爱情是亲密、激情和承诺的结合体。亲密包括自我展露、与伴侣分享自己的情绪和思想，激情指的是身体方面、性方面的兴趣与欲望，承诺则是做出与某个人长相厮守的决定。

在一段亲密关系中，以上提到的三个要素中的某些要素可能会非常突出，或者并不明显，由此，我们得出了八种不同的爱情类型。三个要素都不具备的爱情为无爱（Non-love），只有亲密的爱是友谊（Friendship），只有激情的爱（特别是一见钟情）是迷恋（Infatuation），只有承诺的爱（激情退却后的爱情）是空洞式爱情（Empty love），亲密和承诺结合的爱是温情之爱（Compassionate Love），只有激情和承诺的爱是愚蠢式爱情（Fatuous love），亲密关系和激情体验结合的爱是浪漫式爱情（Romantic love），同时具备三个要素的爱是完美式爱情（Consummate love）。斯滕伯格相信，只基于其中一个要素的爱往往是短命的，没有两三个要素相结合产生的爱情来得持久。不用说，完美式爱情是只有极少数人能达到的理想状态，而能维持完美式爱情的人则更是少之又少。

爱情的类型

许多爱情专家将爱情分为六种不同的类型，其中，有些爱情种类有一定的哲学基础，或是与哲学思想不无关联。

• 激情型爱情（Mania）：如其名称所示，这种爱情类型不怎么正常，“我想要得到你，但是我害怕和你走得太近”“我爱你，但我也恨你”就是激情型爱情的典型表现。这种爱情类型的特点是：猛烈爆发、激烈争吵、半途而废、妒火中烧、迅速和好（往往伴随着激情的性爱）。

• 游戏式爱情（Ludus）：这种爱情快乐但浅薄，它不讲承诺，只注重享乐。在这种类型的爱情中，伴侣并不是（也不需要是）唯一的、独特的。游戏式爱情中有激情，但是没有浪漫式爱情中的激情那么强烈。

• 理智式爱情（Pragma）：是基于实用主义原则的爱情。在这种爱情类型中，人们以自己的择偶标准（如有经济实力、会是个好父亲、长相好看等）衡量对方，以选择合适的伴侣。

• 浪漫式爱情（Eros）：是强烈的、充满激情的爱情，在这种爱情类型中，人们往往会将对方理想化。浪漫式爱情的特点是拥有、占有、保有的欲望，其本质是一种渴望，这与斯滕伯格的激情理念相类似。由于这类爱情之中并不存在信赖、信任，恋爱对象往往会互相怀疑，导致问题和不快。

• 友谊式爱情（storge）：是基于友谊的爱情。它很像希腊人所说的友爱（Philia），是一种愉快、幸福、彼此分享的比较纯粹的爱情。爱就意味着因为对方的存在而快乐，并且因为对方的快乐而快乐。性与激情也是这类爱情中的一部分，但不是决定性因素，友谊式爱情可与上文提到过的（下文也将提到）温情之爱类比。

• 奉献式爱情（agape）：是无私、伟大、付出的爱情，以对方的幸福为己任。在这种爱情中，人们接受、保护、付出爱情，但是不求爱的（以及其他任何）回报。在希腊哲学后期，奉献式爱情被认为是对更广泛的别人（不一定是很亲密的人）的爱，包括对邻居、朋友甚至敌人的爱。它与宗教上的爱情理念类似，翻译成英文是“慈善”（Charity）一词。

在心理学中，爱情的这六个不同的类型相互独立，然而，在哲学上，其中三个主要的爱情类型相互关联。浪漫式爱情体现了爱的冲动，而爱的终极则是奉献式爱情，友谊式爱情则是从激情通往无私温情的通路（虽然这条道路说起来那么简单，走起来却很远）。

激情之爱和温情之爱

许多学者将爱情分为两种截然不同的种类，其中，激情之爱（Passionate Love）与迷恋（Infatuation）相同，是对另一个人的强烈渴望，是一种全身心投入的爱情。激情之爱的特点包括兴奋、狂喜、感到认同、感到安全，甚至产生结合感和自我超越。但是，激情之爱也会引发不好的情绪：动摇、焦虑、绝望以及嫉妒。我们往往认为，陷入爱河是一种自然而然的行为，然而，其实它往往有一些其他的诱因：你认为只要和另一个人在一起就能够满足自己的需要和欲望，或者是仅仅将自己的理想投射到另一个人的身上。激情之爱是短暂的，因为你迟早会发现，理想和现实之间的差距是如此之大，你再也无法自欺欺人了。

温情之爱（Passionate Love）指的是对别人的深厚感情。以无可控制、无从预料的激情开端的爱情可能会渐渐降温（如果能够挨过这艰难的第一个阶段的话），幻化成为美妙和煦的温情。温情之爱也许并不强烈，但却非常持久。它包含了四个元素：一起相处、一起做事、一起相守、一起成长。

一起相处（Being with the other）指的是彼此接受、关怀、尊敬

（包括自我尊敬）并互相平等。一起做事（Doing with the other）指的是两个人在自己的目标爱好之外，有共同的目标、活动、兴趣，其中，恋爱双方帮助、安慰、保护对方。一起相守（Staying with the other）建立在双方彼此承诺的基础上，其中恋爱双方彼此亲密、亲近。一起成长（Growing with the other）指的是突破个人的利益，愿意做出改变。我们大家都知道，在漫长的生命过程中，每个人都会有所变化，因此，改变是生命和亲密关系中的基本要素。要维持一段亲密关系，恋爱双方的成长速度和方向协调一致非常重要。成长步调一致，这不仅能促进亲密关系的发展，也会促进亲密关系中个人的成长发展。

虽然一般来说我们都认为激情之爱和温情之爱有一定的先后顺序，甚至认为两者互相矛盾、排斥，但有些学者专家则认为它们其实可以在一段亲密关系中共存。

爱情与时间

爱情专家约翰·高特曼（John Gottman）和朱莉·高特曼（Julie Gottman）称找到了爱情方面所谓的“天启四骑士”，能够以90%的正确率预测一对夫妻是否会离婚：

- 批评（Criticism）——挑别人的缺点，经常使用“总是”“从不”这样的词语抱怨。
- 轻视（Contempt）——比批评更进了一步，加入了敌对、讽刺、厌恶的成分。
- 辩解（Defensiveness）——想方设法为自己辩护，逃避责任，发牢骚抱怨。
- 冷淡（Stonewalling）——在交流对话中冷淡、退缩，以至于根本不知道你是否在听。

与此相反，长久、美满的婚姻中，夫妻双方往往会像朋友一样友好相处、互相尊敬、互相关爱、心意相通，以积极、平和的方式解决分歧。

技巧与方法

破坏感情的10个“好办法”

1. 批评你的伴侣本人，而非批评其言行。
2. 经常轻视自己的伴侣（通过侮辱、恶意玩笑、嘲笑等方式）。
3. 试图控制自己的伴侣。
4. 一有机会就为自己辩解。
5. 不把自己的伴侣当回事。
6. 对自己的伴侣及其正在做的事情不感兴趣。
7. 身体上或是情感上疏远自己的伴侣。
8. 在争论中不是就事论事，而是互相指责。
9. 伴侣回家时总是在看电视。
10. 坚持传统的家庭角色，即使你的伴侣主张平等。

思想模型

美满婚姻和一些客观因素息息相关，这些因素包括：教育水平、社会经济状况、兴趣相投、智商相似、处于同样的家庭循环阶段（是否有孩子）、性生活和谐、女性晚婚等。

然而，我们往往很难改变客观环境（如果你有一个孩子，你不可能抛弃他或者加速他的成长），因此，维系亲密关系的关键还是在于你和伴侣的努力与坚持。所谓的关系发展思想模式（Minding Model）不强调爱情包含了什么，而是更多地关注如何能够让爱情持久发展。该理论认为，成功的亲密关系包含了以下五个组成部分。

- 理解与被理解（Knowing and Being Known）：指的是互相认识、了解、理解的行为，其中包括了询问、倾诉，以及了解彼此的思想、感受、态度和历史。理解与被理解的关键在于，你要试着去理解对方，而不是仅仅去表达自我。伴侣之间的互相了解无疑有助于关系的发展（如，得知伴侣不愿意洗衣服后，你会主动提出由自己洗衣服）。然而，随着关系的发展，彼此间的互相了解也可能会有一点问题，因为我们往往会不再注意聆听伴侣的倾诉——我们以为自己什么都知道。

- 归因（Attributions）：指的是我们对于伴侣行为的解释。好的处理办法是：将伴侣的性格和积极的行为联系起来，从积极的角度理解伴侣的意图（“他早早完成工作，只为了和我多点时间在一起”），遇到不好的事情时从外部环境的角度（比如，交通拥堵，工作忙碌）来进行解释——除非事实证明不是外部环境的问题。

- 接受与尊重（Acceptance and Respect）：即使在争论中（或者说特别是在争论中），接受和尊重也起着重要的作用——我们应当尊重他人，聆听其解释，接受其回应并找到一个两全其美的解决办法。如果你要就某一个具体的问题抱怨，这完全没有问题，但你可千万不要批评其个人——正确的思想模式不会让消极的行为转变成习惯性行为。在争论中，以及在日常生活的方方面面，他们更多的时候使用奖励而非惩罚来处理问题。研究发现，对幸福的伴侣来说，消极沟通和积极沟通的比例为1:5。

- 互利互惠（Reciprocity）：这指的是平等感——你的收获和付出应大致相当。好的亲密关系中，双方基本平等，没有一方占便宜。在此，我们以家务活分配为例：虽然我们可以在家务活方面有更多的担当

（为了方便起见），但我们也需要因此而获得对方的尊重、认可和欣赏。

• 延续性（Continuity）：亲密关系是一个延续的过程，而非最终结果，因此它需要一定的时间和延续性。这一过程从不停止，因为关系是不断发展的，需要不断适应个人生活中的新环境和新变化。

一些人认为，在成功的关系中，人们往往保持对另一半的积极幻想。他们不仅会在自己伴侣的身上看到朋友身上没有的优点，还会从积极的方面解读伴侣的错误行为（例如，顽固可以被理解为信念坚定，嫉妒可以被理解为爱之深切，等等）。然而，上文提到的理论则更忠于现实，对此持有不同的看法。该理论相信，亲密关系需要伴侣双方进行沟通，其中包括对痛苦的、他们不愿面对的事情的沟通——这能够帮助提升亲密关系的质量。

在所有的亲密关系中，问题（外遇、工作压力、家庭压力等）都是难免的，但成功的伴侣们更懂得该如何宽恕。宽恕（Forgiveness）（或“让往事随风”）与情感相通、善解人意密切相关，是能构建良好关系的重要性格优势。塞利格曼认为，宽恕的价值在于，我们知道别人犯了错误，但是我们却拔掉了这根心头的刺。事实上，宽恕甚至能改变我们的经历。实验人员通过文献资料研究了宽恕的积极作用，发现宽恕能令人更加乐观，减少愤怒，增进健康。亲密关系中的另一个重要因素则是感恩（Gratitude）（或“别把你的伴侣不当一回事”），表达感恩之情与幸福、快乐、生活美满、乐观、激情、爱密切相关，是能为我们带来幸福的好办法（下一章中对此有更详细阐述）。

我们都渴望甜蜜美好的爱情，但却很难真正得到爱。这并不仅仅是因为“真命天子/天女”难觅，而是因为维系、发展一段爱情需要付出许多努力。我想引用人本主义心理学家艾里克·弗洛姆（Erich Fromm）《爱的艺术》（*The Art of Loving*）（该书创作于1957年，但直到现

在仍生命力常青）一书中的话作为本章的结尾：“成熟的爱情，是在保留自己完整性、独立性、个性的条件下与他人合二为一。爱是一种积极的力量，这种力量可以冲破人与人之间的高墙并使他们结合。爱情可以使人克服孤寂与分离，但同时又使人保持对自己的忠诚，保持自己的完整性和本来的面貌。在爱情中，两个生命合为一体，但同时又保持着独立。”

拓展阅读

Gottman，J.，& Silver，N.（2007）.*The seven principles for making marriage work*. London：Orion.

Sternberg，R. J.（1988）. *The triangle of love：intimacy，passion，commitment*. New York：Basic Books.

第十三章

我们是积极心理的掌握者

笑得甜的人，运气都不会太坏

POSITIVE PSYCHOLOGY IN A NUTSHELL

The science of happiness

如果在阅读本书的过程中，你的脑海中不时冒出“我该怎么办呢”这类问题，那么本章节将非常适合你。究竟该如何将积极心理学的研究结果应用到自己的生活中去呢？自本书首版问世以来，通过受控实验（在受控实验中，研究人员将实验参与者随机分为两组或更多组，将积极心理干预的结果和使用安慰剂作为参照的结果进行比较）研究，我们对于积极心理干预的效果已经有了更加深入的认识。

下文介绍的积极干预法就像是给你提供了一份每周购物的散乱清单（而不是所有组成部分都互相联系的派对），但这也许恰恰可以很好地反映积极心理学的现状。下文介绍的每种方法都经过了单独的测试、检验，但是它们却没有作为整体中的部分接受过测试。这样做的好处是，人们无从质疑每个干预法对个体的影响。但是，其弊端却也很明显：这些方法的作用都不够持久——如果将这些方法结合起来加以测试检验，这无疑会比单独检验某一方法的效果好得多。但不论如何，时间会告诉我们答案。为了让本章节更充实有趣，我在本章中还介绍了一些尚未得到实验验证，但无疑非常“积极”的干预法。

经过实证研究的干预方法

三件好事

这可能是积极心理学最有效的方法，研究人员对其不同的变体进行过研究，研究结果都非常耐人寻味。研究发现，这种方法能够让人在六个月里减轻抑郁症状，变得更加快乐。但这并不意味着六个月后这一方法就失效了——只不过，研究从来没有在六个月后对实验参与人员进行进一步追踪调查。

该方法非常简单，在一个星期里，每天晚上睡觉前都回顾一下刚刚过去的一天，找出三件白天里发生的好事。把这三件好事记录下来，并想想自己在这三件事中扮演了怎样的角色。这三件事是对你的三个提醒，把它们记下来，这非常重要，因为这能令你格外关注它们。此外，分析自己在这三件事中起到的作用，这其实也同样非常重要，因为这能帮助你提高知觉控制感，有助于提升你的幸福感。也许，在某些事件中，你自己的作用并不是那么明显——如果说，今天发生的好事之一是天空很蓝很美，那这又跟你有什么关系呢？其实，“注意”到美丽的天空，这就是你自己在这一事件中的作用。最后，在这项练习中，时间的掌握其实也很重要。你可以一整个周坚持做这个练习，也可以连续六周做这个练习，但是每周只做一次。研究表明，连续六周做这个练习、每周做三到四次的话，人的幸福指数实际上会小幅降低，因为这超出了那个“度”！此外，在心理干预结束后不时做做这个练习，数数自己生命中的好事，其效果往往是最好的。因此，我们可以得出以下的结论：时不时地注意到生命中的美好，这很重要，但是我们不应该把这个方法变成一种日常行为。

如果你读到这里，感觉我突然丧失了评判能力，陷入了盲从的泥沼（如，一直说“最好的”“最有效的”），我劝你先不要这么着急做出评判。其实，这一方法的实验数据甫一问世，我就开始向我的学生介绍它，但那时我常常因为这一方法过于简单而感到尴尬，最后，我决定自己亲身尝试一下这个方法。第一个晚上，我花了差不多半个小时的时间才找到一件好事——虽然我可以清楚地记得我在发言中犯了多少错误、我放着多少邮件没回复、我在多少工作中落下了进度。但是第二天晚上，我就突然意识到，当我每天完成工作回家后，当我外套还没有脱下来就开始抱怨厨房太乱时，我的伴侣为什么会那么不高兴。到了第三天晚上……你懂的。

感恩的拜访

如果你需要一个方法能令你迅速感到快乐，那你可以尝试一下这个方法。不过，我可得提醒你，这个方法见效快，但其效果却不一定持久，六个月后也许你早已被打回了原形——但，我们也不应该因此而拒绝这个令自己感到短暂幸福的机会。

想出一个你因为过去某件事而深深感恩的人，找出一张纸（或打开电脑），给这个人写一封信，告诉对方他做了些什么、这些事情对你（在你的生活中）起着怎样的影响。写完后，给这个人打个电话，约他见面（并且最好在他家中见面）。见面时，在他面前站着或坐着，大声朗读自己写的信。

每次教到这个方法时，我都会在讲到最后这一部分时停下来，而这时，听众们往往已经笑成一片。要说明的一点是：大部分时候，我的听众是英国人等欧洲人。根据我的经验，我知道这种事不会发生在美国听众身上。这个方法还面临着其他的难题：这个方法究竟对谁有效——写信的人还是被感谢的人；此外，为了自己感觉好一点而对别人表示感恩，这是不是很奇怪呢？解决这个难题的方法就是你把这封信寄出去（虽然这有损效果）。如此，你可能会看不到对方的泪水，但你还是能够传递自己的感恩之情。

随机示好

正如这一方法的名字所示，这个干预法指的是你要为别人做点好事。事情可大可小，但必须要能够在某种程度上对他们有所裨益。你可以去献血，也可以帮你的邻居遛狗；你可以拜访一个上了年纪的阿姨，也可以送别人一张地铁票。在社交网站非常发达的当今社会中，我们有很多机会去做这样一些小小的好事。我的一个学生就通过某社交网站给所有的朋友赠送了一个所谓的“成长礼物”：一朵小花，一开始藏而不露，但几天后会绚烂绽放。

随机做好事不仅能让接收到好意的人感觉愉快，也可以令那些帮助别人的人更快乐（特别是一天做了好几件好事的话）。因此，在这里，时间的选择依然起着非常重要的作用。此外，我们做的好事应当尽量各不相同，这样才能保持新鲜感，更有意义。

主动-建设性反应

读到这里，说不定你已经开始怀疑，是不是所有的积极心理干预都源于犹太教-基督教传统。其实，这个干预方法就不是。

谢莉·加贝尔（Shelly Gable）及其同事指出，亲密关系成功与否并不在于伴侣间如何对待问题，而在于他们如何回应彼此生活中的好消息。举个例子来说，我们可以用多种不同的方式回应对方升职这一好消息。一般来说，我们会采取被动-建设性（Passive-constructive）反应：我们认可对方的成就——“你真棒，亲爱的！”然后就继续生活。但有时好消息往往会激发我们的消极情绪反应，如羡慕、嫉妒、愤怒、焦虑，我们可能会以非建设性（Unconstructive）的方式做出回应。例如，主动-破坏性的反应是：“你有没有想到过，你升职后要多花多少时间去工作，没法陪伴自己的家人？”消极-破坏性（Passive-destructive）的反应则是假装不知道、粗暴忽视对方的成就，以此削弱其成功时的快乐感：“晚饭做好了吗？”研究发现，在以上三种模式下，人与人的关系往往并不亲密、友好，伴侣之间也并不互相信任、互相支持。

那么，我们究竟该如何以主动-建设性（Active-constructive）的方法回应对方的成功呢？首先，我们应该试着了解发生了什么——关注对方、仔细倾听、耐心询问、培养兴趣、保持热情等。其次，特别庆祝一下这一成功——开一瓶香槟，给亲朋好友打电话告诉他们这一喜讯，与自己的爱人做一些你们一直想做但找不到时间去做的事情。

识别特征优势

第十一章的“技巧与方法”部分中，我与大家分享了一个利用表11.1快速识别特征优势的方法。此外，你可以登陆网站www.authentichappiness.org，花40分钟做一个VIA测试，该测试可以帮助你识别自己的最大优势。将自己的特征优势结果写下来或打印下来，在未来几周中试着多多利用这些优势，要特别注意利用这些优势时你的感受。该练习并不能令你永远保持快乐，但可以让你的心情短时间内迅速好起来。

采取新的方式发挥你的优势

这个练习比上一个更进了一步，因此其效果也更加持久，根据上文提到的方法识别你的特征优势。此后一周中，每天采取一个全新的方式利用你最大的五个优势。你可以在新的环境中利用这些优势，或者是对不同的人利用这些优势——你自己来选择。如果你的一个特征优势是好学，那么你就可以花点时间研究一个你一直以来都挺感兴趣的新东西；如果你的特征优势是对美与卓越的欣赏，你可以利用午饭的时间去逛逛博物馆——半个小时的博物馆之旅就能大幅减少体内皮质醇（一种令人精神紧张的激素）的浓度。此外，你可以在购物的过程中利用自己的社会智力，或者对自己好一点。

其实，这一干预法并不如它听上去那么简单。如果你的最大优势不是创造力的话，你可能很难想出发挥自身优势的新方法。毕竟，你已经在应用自己的优势了，还能怎样呢？要解决这一问题，你可以与另一个人组成一组，进行同样的练习——你们可以组成“优势小组”。对此，我没有什么其他的具体建议了，毕竟，“三个臭皮匠，赛过诸葛亮”。

品味欣赏

早上起床后，你会不会在喝第一口咖啡前先细细体味咖啡的芬芳，然后再喝下一小口，体验身体由内而外暖和、苏醒起来的感觉？或者，你只是在做其他事情时无心地喝着咖啡、吃着早餐？今天喝咖啡时，请试着全身心投入到对咖啡的品味中去：不要动脑子思考，只是感受。

积极心理学家将这种现象称为“品味欣赏”（Savouring）。布莱恩特（Bryant）和维洛夫（Veroff）（2007：2）指出：“人们有能力参与、欣赏、提升他们生活中的积极体验。”

关注并品味生活中或大或小的积极体验，这能有效提升一个人的整体幸福感。我们可以在日常生活中发现这些积极的事物，或者有意识地关注这些积极的活动。积极心理学家们发现了几个能够帮助我们提升品味欣赏能力的方法，其中包括：

- 与他人分享（Sharing with Others）：你可以与别人一起分享自己的积极经历，告诉对方你多么珍惜这一美好的时刻，这可能是最好的品味快乐的方法了。
- 记忆建构（Memory-Building）：在脑海中回想发生过的积极事件，并且不断回忆。
- 自我满足（Self-Congratulation）：不要害怕自己骄傲得意，告诉自己，你给别人留下了深刻美好的印象，并且时刻谨记，为此你花了多长的时间。
- 锐化感知能力（Sharpening Perceptions）：专注于事件的某一要素，屏蔽其他事项。
- 全神贯注（Absorption）：全身投注于某事，不去想，只是感受。

在此有必要特别说明一下，品味欣赏和正念（Mindfulness）可不是一回事。这是因为，品味欣赏针对的并不是所有的内在、外在刺激物，它关注的只是那些能够激发积极情绪的体验。不过，锻炼自己的正念其实也是一种能够减轻抑郁、促进快乐、提高个人身体和感知能力的积极干预。

锻炼

下面要介绍的这个积极心理干预其实可以算是一个古老的智慧——锻炼。尽管我相信你肯定已经知道体育锻炼的重要性了，但在这里我还是想介绍一下它，谈谈锻炼对美好生活的重要意义。

你知道吗？锻炼可以减轻焦虑和压力，较少罹患高血压、Ⅱ型糖尿病、心脏病、失眠、肥胖症、痴呆症的可能性和危险性。并且，锻炼不仅可以提高身体机能，还能提高人体感知机能。对于87岁的体弱老人，一点点的锻炼都可以令他们的肌肉力量倍增。甚至，心理学研究发现，在所有的活动中，锻炼是最可靠的幸福助推器（Lyubomirsky，2008）。

泰勒·本-沙哈尔（Tal Ben-Shahar）是哈佛大学最受欢迎的讲师，他开设的积极心理学课程每学期吸引1400多名学生参与学习。他指出，不锻炼的人就像吞服了镇定性药物一样。在一项著名的研究中，实验人员将抑郁症患者分为三组：第一组的人服用抗抑郁药物，第二组的人做有氧健身运动，第三组的既服用抗抑郁药物又做有氧健身运动。此后四个月间，以上三组病人的状况都有所好转。但是六个月之后，实验结果却令人大吃一惊：第一组（仅服用抗抑郁药物）患者中38%的人抑郁症复发，第三组（药物、运动相结合）患者中31%的人抑郁症复发，而第二组中（仅做有氧健身运动）患者中只有9%的人抑郁症复发。

最好的自己

如果你已经试过了此时、此地，为什么不试一下彼时、彼地呢？下面这个干预法主要是关于如何形成一个自我的未来形象。

设想一下，你希望自己未来成为什么样子的人——如果所有的事情都随你心意，你取得了自己希望得到的一切，你实现了自己的最大潜能。在四周的时间内，尽情地幻想一下未来的自己，并将它写下来。这个练习可以令你变得更乐观，帮助你根据自己的目标确定自己要优先从事的事情，因此也能提升你的幸福感。

但是，需要注意的一点是，要想取得这一积极心理干预的成功，那么你对未来的投射就一定要是成功的。回忆、写下你过去最志得意满的时刻只能小幅提升你的幸福感，这点小小的变化起不了太大的作用。

积极回忆

你有没有想过，拿起一本旧相册，这一行为本身其实就是一种积极干预？这一行为看上去非常简单，好像无法起到积极干预的作用，但是，其实它并不像看上去那么简单。不论是在理论上还是现实中，回忆过去的美好时光都可以提升幸福感。但是，是不是所有的回忆都是好的呢？或者说回忆的方式有没有好坏之分？我们是分享自己的回忆，想想美好的事情为什么发生、怎么发生的呢，还是应该听任回忆发展呢？

一项研究中，实验人员让实验参与人员在一周中每隔一天抽出10分钟进行积极回忆。其中一组实验参与者要对自己的记忆进行反思，而另一组则将注意力放在与积极经历相关的物品上，不用说，两组人员在实验后情绪都变得更加积极。但是，那些只需要回忆的人可以在脑海中更生动地“看”到自己的回忆，情绪也更加积极。同样，索尼娅·柳博米尔斯基也认为，分析自己的过去并不能提升幸福感，像倒带一样回忆、重现过去的积极生活经历才能令人更快乐。然而，与其他干预法一样，该方法本身没什么问题，但是细节操作起来却有一定的难度。

未经测试的干预

要搞清幸福生活的组成部分，这可要花上一段时间。尽管到现在为止只有十几个积极心理干预通过了测试，但在自助类书籍中、在神经语言规划（Neuro-Linguistic Programming：NLP）中、在心理学书籍中，有成百上千个旨在提高积极心理的练习和方法。它们管用吗？问题的答案是，它们中的很大一部分都是有作用的，只不过我们不知道具体哪些有用，也不知道具体在什么情况下这些方法才能发挥理想的作用。我相信，过不了多少时间我们就可以回答以上这些问题了。下面，我想和大家分享六个我最喜欢的但是尚未经检验的积极心理干预，它们都有着扎实的理论基础（也就是说，我们清楚地知道为什么它们应该能起作用），但是都尚未经过对比研究的验证。

共度美好一天

为你自己和别人（你的伴侣、好朋友等）设计一个美好的一天，在这一天里，做一些你们都非常喜欢的活动，或是那些对你们来说都非常重要的事情。在选择活动的时候，要注意考虑你们双方的优势。花点时间，计划一下这美好的一天，从早上起床后的第一件事开始，直到晚上睡觉前的最后一件，根据自己的时间安排确定这一天的具体日期。最后，在那一天尽情享受吧，细细体会那些你精心选择的活动，享受彼此的陪伴。

充电

芭芭拉·弗雷德里克森（Barbara Fredrickson）说她和她的丈夫之间有个习惯：当她需要拥抱的时候，她就对丈夫说自己需要“充电”了。秘诀在于，拥抱一定要是面对面的，并且要持续近一分钟的时间（而不是一秒钟短暂拥抱）。阅读其《积极性》（*Positivity*）一书时，我发现其实我也会和我自己的老公做同样的事情，并且这非常有效。既然索取拥抱现在都有了一个正式的名字，那它就成了一种积极心理干预手段。

时间的礼物

你也许很擅长记住别人的生日，为别人挑选圣诞礼物，甚至还很擅长为别人制造惊喜。这些行为本身就超越了日常活动，给别人一件最珍贵的礼物——你的时间。也许你付出的只是一个小时，也许有的时候你付出的是一整天。对方可以自己决定要如何利用你的这段时间：你的阿姨也许想利用这段时间和你聊聊你们的家人，你的邻居也许想要和你一起整理整理花园，你的孩子也许会用这段时间来和你玩捉迷藏游戏。

生命的总结

想象一下，你去世很久后的某一天，你的后辈想要了解你和你的生活，你希望别人以怎样的方式描述你，以怎样的方式记住你。找出一张纸，写下你对自己生命的总结，描绘一个你希望你的子孙记住的你。你可以描述自己的价值观、个人性格以及你对人类的贡献，然后将这份总结放在一边，过几天后再重新读一遍。在这份总结中，你包括了些什么，省略了些什么？你应该做出哪些改变才能让这份总结有朝一日成为对你真实生活的忠实反映呢？①

减少烦恼

这一干预练习主要来自于一种名为“生活质量疗法”的方法，许多其他地方也提到过这一方法。尽管该方法作为一个整体接受过临床检验，但其中的大部分技巧却没有得到过单独的检验。这一干预手段特别适用于那些认为自己每天花了太多时间烦恼的人，我们无法令自己停止烦恼，并且在烦恼的时间里我们往往会一事无成。我们可以通过以下方式缓解习惯性烦恼：每天特别固定地安排一段有限的时间（例如，15到

30分钟）用来担心、烦恼；这段时间之外，若你再遇到什么烦心事，就把它们留到那段固定的时间中去吧。

三个问题法

这一方法又称“意义、快乐、优势”（Meaning，Pleasure，Strengths：MPS）法，是泰勒·本-沙哈尔在《幸福的方法》（*Happier*）中介绍的。简单说来，运用这一方法，你需要问以下三个问题：

- 什么是令我感到有意义的？
- 什么令我快乐？
- 我的优势是什么？

这几个问题都不难，但是我们不会经常问自己这些问题，花点时间思考一下这些问题吧，不要太快就草草得出结论。

下一步，分析比较你自己对这几个问题的答案，找出它们之间的共同点。哪些活动运用了你的自身优势，既有意义又能令你感到快乐？你该如何运用这些方法进一步帮助自己做出生命中的重要决定？以上介绍的方法有一个缺点，那就是它看起来非常简单。但是，认识自己、做自己擅长的事情、关注生活中的好事、对别人友善，这些都是幸福生活的重要部分。并且毫无疑问，这个方法更能帮助你提高你的实现幸福感，而非享乐主义幸福感。

拓展阅读

Lyubomirsky，S.（2008）. *The HOW of happiness.* London：Sphere.

注 ① 马丁·塞利格曼，个人通信。

第十四章

做自己的心理教练

笑得甜的人，运气都不会太坏

POSITIVE PSYCHOLOGY IN A NUTSHELL
The science of happiness

若不应用于社会实践，理论就会丧失其价值。此外，只有通过实践，我们才能判断一项理论是否正确。积极心理学现在正被越来越广泛地应用于不同的领域，其中最重要的领域为：一对一心理咨询、教育、商业。

积极心理学和一对一实践

同为心理领域的新鲜学科，心理教练术（Coaching）与积极心理学自然有着密切的联系。心理教练术是一个新兴现象，于20世纪80年代流行起来。心理教练术在其形成初期主要是针对公司高层领导的总裁训练，但现在，它正以“生活教练术”（Life Coaching）之名走入人们的日常生活（不再仅仅是富有成功人士的专利）。心理教练术旨在通过确定目标、完成目标来引导人完善自己的性格，关注的主要是人们幸福感的提升和表现的进步，因此也受到积极心理学的关注。尽管总裁教练术和生活教练术与体育上的教练术名字听起来差不多，但实际上它们与旨在训练专业运动员的体育教练术没什么关系。

近年来，教练术和积极心理学成功合作。积极心理学助力教练术，为其提供了所需的理论、研究基础，而教练术也为积极心理学提供了通过实践进一步论证其理论学说的平台。现在世界各地已经形成了几门关于教练术和积极心理学的课程，其中宾夕法尼亚大学还开设了一个相关的硕士课程。

积极心理学和教练术都认为，心理学的关注重点应该转变，不再只关注如何“治疗”心理疾病患者、发现心理疾病的迹象（这本应是临床医学的工作），而是更多地关注人的优势、积极方面，并使其进一步发展。因此，心理教练术致力于构建人们的技能基础，发展利用其未发现的天赋和才华。除了能够帮人认清自己的优势，教练术还能评估这些优势在具体工作岗位上发挥的作用，帮助创造更多能够令优势得以施展的平台、机会。它并不将精力投注于改善人的弱点（这耗时耗力且成效不大），而是致力于最大化地利用个人优势，弥补自己的弱点（通过互补伙伴、优势匹配小组等）。

尽管心理教练术正日益赢得越来越多的关注，但它其实也存在着一些问题：缺乏理论及评价基础，教练训练课程单一，从业人员职业水平参差，缺乏监管以及行业操作准则，练习方法鱼龙混杂，往往流于表面。此外，倘若只关注目标和行动本身，不去发现、解决蕴藏在问题之下的深层问题，心理教练术往往只能在短期内解决问题。这是不是意味着，若想让目标更切实可行，让表现得到更长远的提高，一点点“消极”的方法其实不仅仅是有效的，更是必要的？如果答案是肯定的，那心理教练术岂不是与此前的心理辅导、心理治疗其实没那么大的不同？要回答这些问题，下面我们仔细研究一下心理教练术和其他一对一实践法的关系。

教练术与治疗——同与不同

“消极心理学”（或“一般的心理学”）以其心理治疗法对当今世界做出了巨大的贡献。如今，我们可以通过治疗干预的手段治愈14种此前被认为无法治愈的心理疾病。心理治疗的形式、风格、规模各不相同。首先，我们可以将其区分为心理辅导（Counselling）和心理治疗（Psychotherapy），虽然很多实践操作者认为其实很难将这两者区分开来，并且，往往在实际操作中对它们进行了综合运用。然后，心理治疗有不同的种类，包括行为疗法（改变行为以改变思想）、认知行为疗法（重构自己的思想，并做出行动）、心理分析疗法（弗洛伊德创立）、心理动力疗法（弗洛伊德的女儿创立）、格式塔疗法（使人成为整体）、存在主义疗法（改善人的存在状况）、人本疗法（病人最了解自己）、交流分析（整合你自身中的孩子—父母—成人）、综合疗法（汲取百家所长，在一个新的框架下对其进行整合利用）等。对于那些对心理治疗一知半解的普通人，要在以上所有的心理疗法中做出选择，那真的是比登天还难。因此他们只能碰碰运气，碰到哪个心理治疗师就算哪个。整体来说，心理治疗效果卓著——虽然所有的成功案例中，只有10%~15%能归功于心理治疗干预手段。不过，心理治疗往往和缺陷、疾病联系在一起，人们往往以为接受心理治疗的人就一定是“病人”，他们需要治疗干预。这种可怕的偏见吓走了许多潜在的客户，为心理教练术提供了发展的空间。

心理治疗和心理教练术之间的区别是不是明显（或者说我们很难确定两者之间是否应该有界限），是一个见仁见智的问题。无疑，在寻求自身发展空间的过程中，心理教练术着力强调自己和心理治疗的区别，刻意回避两者的共同点。例如，教练术强调，心理治疗师是被动反应型的，而心理教练师则是主动出击型的。对于应用行为疗法以及认知行为疗法的治疗师来说，这种说法并不准确，因为他们在治疗的过程中往往也会采取主动。心理辅导、心理治疗、心理教练术往往会被人们粗暴地从时间角度进行区分（很明显，心理辅导和治疗是针对过去的，教练术是针对现在和未来的），或者单纯按照顾客群体进行区分（门诊病人VS普罗大众，当然这两个概念本身就很有争议）。有时，心理治疗起到的疗愈作用和心理教练术起到的个人提升作用是背道而驰的，但其实许多心理咨询师也能帮助客户提升自我，甚至有时候他们还会应用积极心理学的原理。事实上，所有的心理指导，不论是教练术还是治疗，都应用了相似的技巧，并且在很大程度上互相重合。

由于心理治疗和心理教练术之间边界并不明确，因此很多人试着对它们进行整合。现在，很少会有人愿意参加那些旨在挖掘内心深处黑暗秘密的漫长治疗，因为这在现实生活中起不到什么作用。但同时，那些只关注目标和行动，不触及人内心问题、不解决人内心矛盾的教练术，其实也远远无法达到预期目标。只有在不忽视消极心理的情况下，我们对积极心理的发展才能真正有意义、有作用。

我参与协助开发了一种新的综合性一对一实践法——“个人咨询”（Personal Consultancy）。该方法包含了四个不同的阶段（真诚聆听、重获平衡、产生发展、支持帮助），结合了心理辅导和教练术两者的优点。它能帮助人们探索内心世界，指导人们通过设立目标，采取行动来做出有实际意义的建设性改变。因此，在实践中，个人咨询法对积极心理学和主流心理学进行了整合。

积极心理教练术

那么，积极心理教练术又是什么呢？积极心理教练术（Positive Psychology Coaching：PPC）是一种旨在帮助人们提高幸福感、发展应用个人优势、提升工作表现、达成预期目标的科学方法。积极心理教练术的核心是，它相信，基于标准化评价和可靠的干预手段，我们可以找到让客户的生活变得更积极的最好方法。与共创式教练术（Co-active Coaching）和人本疗法（详见下文）类似，在积极心理教练术中，心理教练将受训者看作一个“整体”，关注他们的优势、积极行为和目的，这反过来能帮助受训者个人发展、提升表现。简单说来，积极心理教练术旨在发现人的能力和潜力，发现那些好东西并促使其进一步发展，以此促进个人表现的进步和幸福感的提升。有好几本书介绍了积极心理教练术的方法，本章节最后列出的是我个人认为最好的一本。

积极治疗

如前文所说，传统上大部分的心理辅导和治疗都关注心理上的问题，因此它们往往被认为是专门治疗心理疾病的，一般人羞于去了解、治疗。然而，其实一些心理辅导和治疗更关注个人幸福感的提升，因此它们建立在积极心理的基础上，而非心理疾病的基础上。一本最近出版的名为“积极治疗”（Positive Therapy）的书对此进行了介绍，该书指出，几种心理治疗方法可以被整合到积极治疗的方法中，因为它们提供了有效的方法和技巧，帮助人们发展自己的优势和潜力，促进人的成长和幸福感的提升。以下，本书对其依次进行介绍。

人本疗法（Person-Centred Approach）的出发点是积极的，对人及其成长、发展潜力抱有积极乐观的态度。该方法由人本主义心理学家卡尔·罗杰斯（Carl Rogers）发明，认为客户才是最了解他们自己生活的人，并将心理治疗师-客户的关系（基于感情共鸣、和谐一致、无条件积极关怀）看作心理治疗成功的关键。该方法还强调了一种实现的可能性——人内在的成长、发展，将自身潜能最大化的动力，认为这才是在心理治疗中取得成功的关键。

幸福疗法（Well-being Therapy）的理念来源于里夫的心理幸福感模型，旨在帮助人们适应环境、个人成长、明确目标、独立自主、自我接受，并与他人和谐相处。该方法包括八个小组治疗，强调通过有计划的日记对自我进行观察。从某种程度上来说，客户只要观测自己是否感到幸福。在治疗的过程中，心理治疗师和客户讨论幸福的降临（或缺席），并以更传统的方法去解决那些问题（比如驳斥那些自动产生的消极想法）。初步的研究证明，该疗法对于预防情绪障碍、焦虑症的复发可能格外有效。

另一种疗法为焦点解决短期疗法（Solution-focused Brief Therapy）。该方法的理论前提是，人有能力找到解决自身问题的方法，解决问题、更好生活的种子可能已经藏在客户自身的某处了。该方法的支持者认为，在治疗中花大量的时间深入追究问题其实没什么效果（这个部分所占的时间应该尽量少才是）。焦点解决短期疗法的实际操作主要基于以下几个所谓“奇迹问题”。

1. 想象一下，今晚你睡觉的时候，发生了一个奇迹……而你生活中所有的问题都被解决了，就是这样！但是，这一切都是在你睡着后发生的，所以你并不知道发生了奇迹。第二天早上起床后，你应该如何才能发现奇迹在自己的身上发生过（客户应该尽量描述奇迹发生第二天的情境，尽量令每个细节栩栩如生）。

2. 怎么才能让你的好友和其他人发现发生在你身上的奇迹?

3. 在你的印象中，最近何时（也许是某一天，某一小时，或某一周）你生活中发生的事情就像奇迹发生后的那天一样?

最后，接受与承诺疗法（Acceptance and Commitment Therapy）也是积极治疗大家族中的一员。该疗法的理论前提是，行为和情感可以既同时存在又彼此独立，如此，一个人不用改变或消除自己的感受就能够做出积极的行为，同时还能够秉持正念，体验、接受这些感受。

积极心理学和教育

积极心理学领域中发展出了几个教育课程，其中大部分课程都反映了老师本人的主要研究兴趣。比方说，斯滕伯格（见第九章）创立了“智慧课”，鼓励学生通过主流学科的学习实现自己的智力、道德的发展。澳大利亚心理学家麦格拉思（McGrath）和诺贝尔（Nobel）开发了一个非常实用、深受老师欢迎的课程“卷土重来”（Bounce Back），将适应力、恢复训练融入学校的主要课程中。其他一些课程主要向学生灌输希望的概念，如“创造希望”“为孩子创造希望”。研究发现，盖洛普集体开发的“优势发展”（Strengths-based

Development）课程能够有效提高学生的成绩。“情商”这一框架概念下也形成了多个社会、情绪学习课程，其中最有名的就是“自我科学”（Self Science）和“南非智商课程”（The South Africa Emotional Intelligence Curriculum）。一些课程，如“追求目标”（Going for the Goal），旨在帮助处于青春期的学生设立积极目标，并指导他们实现这一目标，现在得到了大规模的推广应用。

宾夕法尼亚适应力项目（Penn Resiliency Programme：PRP）是一个在学校中推行的干预课程，旨在通过对普通学生应用认知-行为疗法来提升学生的适应力，让他们变得更乐观，更具备适应环境的技巧和解决问题的能力。根据七个可习得的适应力技巧进行训练，该项目教会学生：辨别自己的感觉，接受模棱两可的状态，从乐观角度解释问题，分析问题发生的原因，善解人意，提高自我效能，尝试新事物。因此，宾夕法尼亚适应力项目通过训练学生弃绝盲目乐观、正视现实、找到根据，以帮助他们改掉习惯性的悲观态度。

宾夕法尼亚适应力项目已经有了16年的历史，因此取得了一定的数据证据。证据表明：该项目预防了抑郁、焦虑的现象，并且效果持续时间较长。针对该项目效果的17个对照研究发现，该项目结束后的一年中，参与过的学生相比其他人来说患抑郁症的人更少。然而，该项目就本质来说是一个预防性的项目，旨在降低青年人中的抑郁比例。对于那些希望自己在未来变得更积极的学生来说，它很有效，但是对于那些毫无抑郁可能性的学生，这一项目是否有效就很难判定了。

以上提到的课程、项目都超越了传统学校教育中对外在事物的探索，转而更加关注学生本身，更关注他们的能力和精力，然而，它们大多都是在欧洲之外的地区开发、实践的。

在英国，SPARK适应力项目（SPARK Resilience

Programme）是一个新型的预防性积极教育项目。这一项目主要在相对贫困的东伦敦地区开发、试点，其理论基础主要是以下四个相互联系的部分：认知-表现疗法、适应力、创伤后成长以及积极心理学。该项目教学生将或简单或复杂的情况分解为可以控制的元素：形势（Situation）、自动驾驶（Autopilot）、认知（Perception）、反应（Reaction）以及知识（Knowledge）（首字母缩写为SPARK）。该方法通过应用情境剧本在试点学校对学生进行心理咨询，帮助学生们认识到日常生活中的各种情况如何引发他们的自动驾驶（感觉和情绪）。他们的感觉和情绪根据不同的人、不同的情况而各不相同，因为他们对形势的认识各不相同。我们可以对形势做出反应，并从中获得经验教训——我们获得关于我们自己、别人，甚至世界的知识。为了帮助学生理解这一理念，该方法引入了“认识的鹦鹉”概念——认识的鹦鹉是一种想象出来的动物，代表了人类扭曲的认知、思考。该项目帮助学生改变自己对生活中发生的事件的解读方法，通过对“认识的鹦鹉”进行审判来尝试找到解读事物的其他方式，了解人类自动的情绪反应，并学会控制自己的没有建设性的行为反应。此外，该项目还教学生如何掌握言行果断、解决问题的技巧，并通过帮助学生认识自己的优势、社会支持系统、积极情绪的力量，认识自己之前的相关经历，以此训练他们的适应能力。针对这一项目进行的数据分析显示，参加过该项目后，学生们在适应力、自尊心、自我效能方面的能力都大大提高。此外，学生们的抑郁症也有小幅减轻。

2006年9月，威灵顿学院——英国的一所男女同校的私立学校——针对其学生开展了一项为期两年的“幸福感技巧项目”（Skills of Well-Being Programme）。该课程由伊恩·莫里斯（Ian Morris）和尼克·贝利斯（Nick Baylis）博士设计，是一个针对10年级和11年级学生（年龄在14到16岁之间）的为期两周的课程，旨在纠正由于过度关注考试成绩而造成的不平衡。该课程的最终目的是让威灵顿的学生掌握有用、易懂、能适用于生活不同方面的实用技巧，从而生活得更幸福。尽管该课程尚处在发展期，但传播这些技巧的热情正为其吸引到越来越多的关注。该项目整合利用了实证研究的结果以及实际有效的干预手段，与现在人们摆脱短视教育方法、拓展深化课程构成、在课程中融入积极心理学知识的需求正好不谋而合。幸福感技巧项目现在还没什么科学实证基础，但却取得了史无前例的媒体关注，使关于幸福感的讨论进入了英国政策议程的中心。

现在，英国还在小学和中学试点“幸福感课程”（Well-Being Curriculum）。该课程由东伦敦大学和哈博戴斯阿斯克学校联合会携手推出，是一门综合性幸福感课程，每周一次，向一年级到十三年级的学生介绍积极心理学的原理和发现。该项目涉及所有影响幸福感的因素，并向学生介绍了经过验证的能够提高学习能力的干预手段。针对一至九年级的学生，课程重点是积极心理干预，主要介绍那些经过实验验证的积极心理学内容，包括快乐、积极情绪、沉浸、适应力、实现、积极关系和意义。针对十至十三年级的学生，课程重点是积极的教育，帮助学生学会反省，指导他们针对自己的幸福和发展做出适当的选择。对该项目的试点评估显示，学生在项目涉及的幸福感各方面（如积极情绪，对友谊的满意度，对自己的满意度）均有所进步。

教育也不一定非要局限在学校里，心理学临床机构也发展了一些教育项目，将治疗手段和教育实践结合起来帮助成年人。正念认知治疗（Mindfulness-Based Cognitive Therapy：MBCT）就是这样的一种干预疗法，主要针对那些康复后病情复发的抑郁人群，帮助他们扭转自己的思想，预防病情的再次复发。该方法整合了认知行为疗法和正念冥想（Mindfulness Meditation）两个方法。正念冥想是对当下事件、经历的关注和意识，是积极心理学推崇的主要干预手段之一。正念冥想其实有着几千年的历史，是东方宗教——特别是佛教（禅修）——的重要组成部分。正念冥想中，我们要有意识地关注当下的事物，但不去评判它们。正念认知治疗的目标是降低抑郁症的复发概率，此外，它也能被应用到压力、焦虑、慢性痛苦等多种心理问题的处理中来。基于乔恩·卡巴-金（Jon Kabat-Zinn）的实践技巧，正念认知治疗包括简单的呼吸冥想、全身扫描、瑜伽伸展等，以帮助参与者更专注于当下，了解自己每时每刻在思维、身体上的变化。除了学习正念冥想技巧，参与者们还会学到简单的认知-行为治疗原则，以帮助其进行建设性思考。根据几项随机进行的对照实验结果显示，正念认知治疗能有效帮助人们控制情绪，防止心理疾病复发。一项随机对照实验中，研究人员将145名康复病人随机分为两组，一组接受常规的心理治疗，一组接受常规治疗加正念认知治疗。八周的治疗完成后，实验人员对所有的实验参与者进行了为期一年的跟踪调查。结果显示，正念认知治疗对那些此前经历过几次抑郁症的人特别有效——经过该疗法治疗，此前抑郁症爆发过至少三次的人中，抑郁症复发的比例从66%降到了37%。

技巧与方法

关注当下

我们可以在多个不同的情况下（如打扫卫生、散步、排队等）进行正念练习。在正念练习中，你的精力毫不费力地集中于当下正在发生的事情，并对此全身投入、全情关注。就让你自己融入此时此刻此地吧，不要让自己的思想到别的地方神游。这可以增强你的现在感（以此让你充满活力），令你的心情更加平静，注意力更加集中。

积极心理学与商业

工作中的幸福感

工作是我们生活中非常重要的一部分，这不仅是因为每天的工作占据了我们一半的清醒时间，是我们安身立命之所在，而是因为工作对人的心理也有着重大的影响。比方说，工作满意度与整体的生活满意度和幸福感息息相关，失业是令人对生活失望、抑郁、悲观的最大诱因。

许多单位和组织非常重视员工的工作满意度，利用积极心理学的研究结果来改善工作环境，增进员工的幸福感。积极的工作单位主要会采取以下措施、干预手段：

工作多样化（Job Variety）：提高工作的多样性和挑战性。比方说，让员工组装电池，拥有不同技能的不同小组成员可以亲身参与到从无到有的制作过程中来。这个做法可能有点费钱，但是它能有效消除员工的无聊感，提高其沉浸的能力和动力。

内在动力（Intrinsic Motivation）：一般来说，工作单位都会通过外部奖励（如金钱等）来激发员工的工作动力，但现在，越来越多的人开始关注员工的内在动力。许多工作单位通过让员工享受更多的自由时间（如工作时间的15%），或是允许员工开展自己感兴趣的小项目（这些小项目往往会带来不凡的创意）来激发员工的内在动力。

自信（Confidence）：许多工作单位意识到员工不自信、心态消极的危险性，因此为员工提供了相关的训练以提高其自信心，其中一些比较极端的训练方式（如冒险训练、户外考验等）能够通过让员工完成看似不可能的任务而提高其自信心。

创造性（Creativity）：工作单位要想提高自身的创造性，可以雇用有创造力的新员工，也可以通过一些解决问题的课程（这类课程训练员工集思广益、想象创造的能力）培养锻炼所有员工的创造性。此外，工作单位的环境氛围也很重要，公司应该鼓励员工坚持自己的想法，根据自己的直觉理解问题，并支持员工的创新思维，为员工提供创新必须的物质资源与人际网络。

发展职业优势（Strengths Work）：强调对优势的利用，而非对缺点的弥补。

团队建设（Team Building）：这是一个常见的干预手段，包括了针对新队伍、新员工的户外团队建设训练，以及针对老员工的人际、团队技巧训练。重视员工的优势能够鼓励员工成长，为员工的发展提供适合的环境。根据盖洛普集团的研究显示，许多旨在发展个人优势的干预手段都能有效提高员工的参与度（该理念常见于重视员工积极心理的工作单位），并进而使员工表现得更优秀，提高了生产力、公司效益以及员工的业绩。一项针对一万多家单位、超过30万名员工的研究证明，那些在有关优势的问题（如“我是否有机会从事自己最擅长的事情”）中得分高出平均值的单位，他们的生产力比其他单位高出了38%，员工忠诚度和员工留任度比其他企业高出了44%，优势方法是这些企业成功的基石（见下文）。

元视角（Metaperspecitve）：认为每件事都有积极、消极两个方面。比方说，元视角能让我们看到，优势和能力既有好的方面，又有不好的方面。元视角是一个能促进个人发展的好方法，能够带来平衡、接受、宽容，以及整个人的发展。

沉浸（Flow）：契克森米哈伊认为，现在的消费文化使我们看轻工作的价值，特别重视休闲活动。从我们很小的时候，我们就知道工作是不开心的，所有不开心的事情都是工作。以这种工作态度，人们很难在工作中达到沉浸状态。此外，现在的工作很少有明确的目的（特别是那种对员工本身有意义的目的），除了“你还好吗”，员工很少能收到其他的反馈。并且，员工的工作技能往往得不到施展的机会（优秀、热情的年轻人往往经年累月从事无聊的工作），员工也无法控制自己每一步的工作表现。只有解决了以上这些问题，沉浸才可能发生。此外，工作时间的利用（往往并不是由员工决定的）也需要变得更灵活，适应不断变化的机遇和员工的心境。

工作参与实践（Participatory Working Practices）：有多种不同形式，包括让员工更多地控制工作的过程、工作时间更灵活、远程工作或者在家通过邮件工作等。

开放型氛围，授权与自组织管理（Open Climate，Empowerment and Self-Organization）：将工作参与实践带入了一个更高的层次，独立、公平、信任成为工作过程中的基本要素。员工可以质疑公司的规定，决定自己的工作时间，掌握自己的开销情况，决定工作利润的分成，摆脱官僚部门（例如人事部的质量管理），雇用自己的员工，拥有开放的会计体系等。这一实践方法能鼓励员工不断创新、发展，使员工对公司更忠诚，工作表现更好，工作满意度更高。

积极学术研究组织

积极学术研究组织（Positive Organizational Scholarship：POS）是一个致力于在工作场合推进积极心理学的科学组织，它帮助单位组织在提高员工的幸福感的同时达成自己的商业或其他目标，对此进行深入的探索并得出了一套技巧方法。因此，从很大程度上来说，它关注的是那些能够提高员工幸福感、创造力、生产力的技巧方法。而这些技巧方法的落脚点在于提高员工的自主性、主动性和意义感。从个人角度上来说，积极学术研究组织利用了积极心理学中的性格评价方法，例如优势目录。积极学术研究组织还应用了一些新的理念，其中最有趣的大概要数积极偏差、高质量关系、积极领导力。

积极偏差（Positive Deviance）：指的是一种故意与一般标准有所偏差、能够提高人们自身现状的积极行为（Spreitzer & Sonenshein，2003）。在此使用“偏差”这个词可能不大恰当，因为该词一般都被用来形容一些不好的、被禁止的、与犯罪相关的东西。但是，其实，“有德行的”“杰出的”也可以是一种偏差，因为它们也是对一般标准的“偏离”。研究人员发现，几乎所有的单位组织中都有一些人，他们与众不同，但是工作的行为、方式（经常与人事规定相违背）非常有效，比起他们的同事来，他们总能找到更好的问题解决方案。

高质量关系（High-quality Connections）：指的是“感觉有生命力、活力……以及一种强烈的、积极的精力”，“感到强烈的关怀”与“相互依存”。高质量关系可以令员工精力更充沛、工作更投入，并有助于整个单位组织的优势提升，与同事短短五分钟的真诚沟通就可以令你整个人都感觉为之一振。在工作场合促进高质量关系的五个主要方法是：传达存在、表现真诚、表示肯定、有效聆听、沟通支持。

积极领导力（Positive Leadership）：指的是通过应用以实验为基础的科学方法（如认识优势，培养美德，促进包括乐观、投入、幸福在内的积极因素发展），令管理更为有效、杰出。一般来说，只有在积极领导下，员工才能发挥积极偏差的作用。积极领导力的四个主要方法是：积极的氛围、积极的关系、积极的沟通、积极的意义。

肯定式探询

肯定式探询（Appreciative Inquiry：AI）是一种组织管理办法，注重找出当下最好的运作案例，然后以此为基础群策群力想象未来如何才能变得更好，以此利用已有优势共同创造更好的未来。

肯定式探询有四个不同的阶段：新知探索、梦想构筑、组织设计、把握命运。

- 新知探索（Discover）：欣赏现有工作组织中的最优运作。
- 梦想构筑（Dream）：共同创造一个未来的愿景——单位组织最好能变成什么样？在这一过程中我们可以运用视觉想象或比喻法。
- 组织设计（Design）：一个具有优势并不断发展的公司会是什么样子，身处这个组织中感觉如何？将梦想变成现实。
- 把握命运（Destiny）：开创未来该做些什么？根据个人和团队的不同优势进行分工，共同决定谁具体该做些什么。

肯定式探询应用优势、积极经历、积极意义等多种方法，提高个人、单位组织的积极表现。说得更实际一些，肯定式探询可以令人的情绪更积极、认同感更强，因此能带来很多优势，这些优势又能催生改变的力量。我们有充分的证据证明，肯定式探询是一个能够切实带来改变的成功的干预手段，往往能令组织内部关系更为平等，并提高员工的自我组织管理能力。

尽管积极是一种新趋势，但许多单位组织还是更倾向于应用消极的方法（解决问题、排除纷争、建立能力框架等），并且，由于担心损失效益，很多单位组织死守着那些早已过时的公司组织形式。对此，积极心理学可以有效评价以上做法所产生的主客观影响。

拓展阅读

Biswas-Diener, R.（2010）. *Practicing positive psychology coaching.* New York: Wiley.

Boniwell, I., & Ryan, L.（2012）. *Personal well-being lessons for secondary schools: positive psychology in action for 11 to 14 years olds.* Maidenhead: Open University Press.

Cameron, K. S., Dutton, J., E., & Quinn, R. E.（Eds.）（2003）. *Positive organizational scholarships.* San Francisco, CA: Berrett-Koehler.

Joseph, S., & Linley, P. A.（2007）. *Positive therapy.* New York: Routledge.

第十五章

积极心理学的未来

笑得甜的人，运气都不会太坏

积极心理学：学科现状

如今，积极心理学运动发展迅速，积极心理学有自己的国家性或国际性会议，拥有独立的协会、团体、子团体、教科书和学术杂志等，积极心理网（Positive Psychology Network）也为投身积极心理学领域的年轻人、青年研究员积极地提供支持。本书的最后介绍了几种积极心理学资源，以帮助所有对积极心理学研究（或实践）感兴趣的人进一步深入了解积极心理学。

积极心理学的成功

1999年，当我第一次听说积极心理学时，立马就知道，这将是我毕生的追求。我就是这么觉得的——终于，我们的心理学开始研究有趣的话题，而不是那些除了研究人员自己外没人感兴趣的话题；终于，我们在研讨会、学术杂志上可以使用“幸福”“性格”这样的字眼了；并且，终于，备受尊重的资深学者开始将轻松、柔和的自助主题纳入到了严肃的心理学研究中。

马丁·塞利格曼（曾任美国心理学会会长）提出积极心理学概念七年后，心理学的版图也发生了巨大的改变。1998年，研究抑郁的心理学文章和研究幸福感的心理学文章的比例是7:1，但2005年时，这一比例已经降到了5:1。在这七年间，主题为“积极”“希望”的文章的发表数是“绝望”的五倍，关于“乐观”的论文数是“悲观”的3.5倍。如今，随着积极心理学的发展，心理学的研究不再仅仅局限在疾病领域，心理学也不再仅仅是研究病理、抑郁症的学科，而愈发发展成为一门探索人类最优机能的学科。

积极心理学的问题

积极心理学在很多方面都取得了成功，但它还是存在着一些问题，或者是一些潜在的问题。本书试着对积极心理学这一新兴学科做出客观、中肯的评价，既认可其成功点，也指出其不足。在这一部分，我可能会更多地关注积极心理学的问题，重点介绍几种批评积极心理学的主要观点。

不承认其历史根源

尽管积极心理学历史悠久，有着丰富的历史传统（许多针对积极心理的研究甚至有上千年的历史），但是积极心理学对此却仿佛一无所知。如此，积极心理学研究不仅是在重复前人已经做过的工作，而且往往会不承认自己使用了前人的理论。不过，有一些积极心理学家认识到了承认历史根源的重要性，认为对前人理论的认可其实可以更加壮大积极心理学——这也许会令积极心理学看上去没那么新奇，但也会让积极心理学显得更为亲切。辩称积极心理学是一项全新的运动，这会给人留下创新的印象，但是只要随便翻开任何一篇关于“幸福”的文章，人们的这种新奇感就会立马消失。

缺乏指导性理论

现在，积极心理学缺乏一个能将其所有的研究对象都涵盖在内的统一指导性理论，积极心理学想要发展的方面实在是太多了，往往根本就搞不清楚不同研究对象之间的关系，并且，它对研究对象的选择也很随机。比方说，将“自由的专制”囊括进积极心理学中，并不是出于直接相关性，而是出于一种偶然性。

量化的“科学”方法

此前，心理学也用研究自然科学的方法来研究人，对此，许多心理学家（虽然估计还是少数）提出质疑：对于像人这样复杂的研究对象，我们能使用将一切量化为数字、数据的“科学”方法吗？这种量化式研究方法有两大问题：你可能会去深入研究一些显而易见的东西（连你的祖母都知道的东西），你可能根本研究不了那些真正重要的问题。坦宁（Tennen）和阿弗莱克（Affleck）就此写道：“就在其短短的这段历史中，积极心理学已经继承了消极心理学中最差劲的研究方法和习惯。”。

从一般结果得出广泛结论

积极心理学并不仅仅是采取了主流心理学的“科学”方法。在所有这些“科学”方法中，积极心理学主要依靠的还是那些最为简单易行的方法。在积极心理学领域，超过一半的研究都是相关性研究（Correlation Studies）。相关性研究可以证明一个事物与另一个事物有着可靠的联系（如运动和健康有联系），但却无法让我们得出其中的因果关系，我们无法得出“其中一个事物导致了另一个事物”这类结论。比方说，人们可能是因为运动而更健康，但也可能是更健康的人才有精力去做运动。尽管心理学家们非常清楚，通过相关性我们无法找出因果关系，但他们在自己的实验中却从相关性中找出了因果关系，告诉人们一件事情导致了另一件事情的发生。因此，大家要注意，婚姻和幸福感只是有关联性而已。

变成意识形态运动的危险

“积极心理学万岁！一定要赶上积极心理学的热潮！”积极心理学推广中的这种潜台词让许多思想家忧心不已，担心积极心理学可能会演变成为一种意识形态运动。其中，积极心理学演变成意识形态运动的危险有：心态狭隘、憎恨批评、英雄崇拜、狂妄自大、沉浸于自我施加的积极性中不可自拔，因而缺乏深度、不现实，并将一切问题简单化。

作为社会预期的积极性

芭芭拉·赫尔德（Barbara Held）认为，积极心理学运动的一个最主要的问题是：遭遇悲剧、不幸的人可能会因为自己的苦难而备受苛责。若这些人没有表现出应有的乐观、优势、美德、意志，别人可能会认为这是他们自己的过错。积极态度的“专制”可能会降低人的主观幸福感，而主观幸福感本是积极心理学矢志不渝追求和提高的。积极心理学可能有一个隐含的要求——不幸福是可耻的，我们应该消灭不幸福，这有很大的问题。根据自己患乳腺癌的经历，芭芭拉·艾伦瑞克（Barbara Ehrenreich）发现，她不仅要面对癌症的威胁，还要面对一堆粉色的小东西：运动衫上的粉色标语，泰迪熊胸前的粉色乳腺癌丝带，以及更衣室里的粉色玫瑰。作为一个癌症病人，她得时时刻刻表现得幸福、乐观，一旦她对自己或病友说出了一些“有毒的消极东西”，别人就会露出不悦之色。以自己的这一段经历为基础，她后来出版了深受读者欢迎的《微笑还是死亡》一书，揭露了积极思考、积极心理学的陷阱圈套。尽管在该书第174页中，我受到了芭芭拉的误导（我真的是很珍惜那些充满怀疑、有很多问题的学生），但我还是认为这本书非常令人信服，我自己在很多方面也同意她的观点。

忽略消极思考的积极方面

一些研究认为，有轻微抑郁症状的老年妇女寿命更长。而一项针对人类寿命的研究显示，高兴愉快（特别是乐观、幽默）的人往往寿命更短。正如本书第三章中提到的，防御性悲观也可以是一件好事，但这要因人而异。此外，也有证据认为抱怨并不是完全没有好处的。尽管人们不喜欢那些习惯性抱怨的人，并且习惯性抱怨确实会使自己或他人产生负面情绪，但抱怨也有些好处，例如，在令人不快的新环境中，抱怨能让人们紧密地联系起来（例如，在等候室中，在新学校里，或者在其他一些不熟悉的地方，对环境的抱怨可以是一个很好的破冰方法）。

片面性，缺乏平衡

即使你成功做到了积极思考、积极感受，不去关注生活中的压力，这是不是就意味着你一定能获得幸福呢？还是说，这可能会令你感到厌倦？当代最伟大的心理学家理查德·拉扎勒斯（Richard Lazarus）认为这种将积极和消极区分开来的做法有很大的问题，积极和消极本来就是一个硬币的两个不同的面："打个比方来说，上帝需要撒旦，撒旦也需要上帝，他们两个互相依存、缺一不可。我们需要不好的东西，那是我们生活中的一部分，只有有了它们，我们才能欣赏生活中的好东西。当你将注意力完全集中在事物的一方面时，你的观点可能会有失偏颇。"生活的现实往往既不消极，也不积极，而是徘徊于积极与消极之间。如果说，此前的心理学的主要问题在于，他们过度关注消极的东西，忽视了积极的方面，那现在的积极心理学岂不是过度重视积极方面，与前人犯了同样的错误？如果说，积极心理学的拥护者认为此前60年的心理学是不完整的，这没什么问题，但是要注意，我们的积极心理学不能重蹈覆辙。积极心理学的兴旺发展可能会威胁到那些消极、中立的事物，无法令人们对生活进行更客观、平衡的认识。一些积极心理学运动的推动者也发现了积极心理学的问题，认识到若将积极和消极对立起来，这种做法会将人引入歧途。契克森米哈伊写道："我们应该承认这个现实，即世界上没有什么东西是完全积极的，每一种力量都可能会被滥用。"

在这一部分中，可以用泰宁和阿弗莱克的话作为结尾：

声称自己与压力、处理、适应研究不同的积极心理学，坚持通过定量研究将人类的特点区分为积极、消极两大类的积极心理学，不区分研究对象的特点的产生环境就先形成先入为主概念的积极心理学，应用心理学中最难驾驭的坏方法并将其作为荣誉徽章到处炫耀的积极心理学，否认其历史渊源的积极心理学，驳斥自己的批评者，称其多疑、死板的积极心理学，用拉扎勒斯的话来说，是走不远的。

如果将作为整体的心理学看成是一个辩证过程，我们就可以把“消极心理学”看作正题（Thesis），将积极心理学看作反题（Antithesis），并将两者的结合看成是合题（Synthesis）。我们无法放弃对立面（正题和反题）不顾，因为只有将两者加以整合才能达到合题。一些人认为，在积极心理学建立12年后的今天，它已经变得更为综合。对此我并不认同。积极心理学虽然随着市场化的运作而深入了千家万户，但它仍竭力保持自己新颖、不同的形象，但这也并不是说我们不可能把积极和消极整合起来。

积极心理学的未来

未来，积极心理学至少可以自我修正以上提到的几点问题。对于该学科及其未来研究领域，我的希望可以总结成为四个C：环境背景（Context）、复杂性（Complexity）、创造力（Creativity）、挑战（Challenge）。关于环境背景这一点，到现在为止，积极心理学研究的主要还是西方社会，我们从来都没有从跨文化角度出发对其进行研究。由于积极心理学研究的对象是人，我们无法规避复杂性这个问题。就此而言，我认为无意识现象、社会期许偏差、个体差异（特别是当其大于群体差异时）、个人行为的不合理性等会是该学科的重要发展方向。当我们研究那些能令个人生活变得更美好的元素时，我们为什么不谈谈智商，不谈谈那些因为犯错而带来的改变，不谈谈哭泣呢？如今，积极心理学主要是在对以幸福为主的狭隘积极现象进行研究。要解决这一问题，我们需要一些创造力，并且勇于接受挑战。

我没有像阿尔文·托夫勒（Alvin Toffler）那样的天赋，无法准确预测积极心理学的未来。但是，我还是能够看出其未来发展的三个主要方向。从一方面来说，积极心理学可能会继续现在的道路，作为不同于前人的运动继续发展，以科学的方法关注积极事物，吸引大量投资，并为实验研究和普罗大众带来更多的科研成果。从另一个方面来说，按照那些对积极心理学持怀疑态度的人的说法，积极心理学只是人们一时的狂热，无法长远地走下去，它发现不了什么有价值的东西，最后会陷入到自己的意识形态中无法自拔。此外，积极心理学可以和所谓的“消极心理学”整合成为一个合题，应用所有可能的方法，将积极和消极组合起来，将我们对人（世界上最奇妙、迷人的研究对象）的已知、未知认识结合起来，形成一个统一的整体。如此，积极心理学也许不会再作为

一个独立的运动单独存在，但这却是我最希望看到的结局。

拓展阅读

Ehrenreich，B.（2009）. *Smile or die：How positive thinking fooled America and the world.* London：Granta Books.

Held，B. S.（2001）. *Stop smiling，start kvetching：A 5-step guide to creative complaining.* New York：St. Martin's Griffin.

网络资源

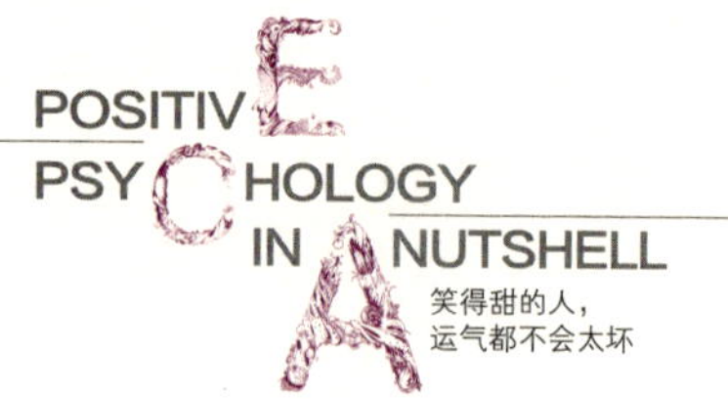

http：//www.positivepsychology.org

积极心理学主要的网址之一，综合介绍了积极心理学的最新动态，在该网站你可以进行VIA优势测验并得到即时的反馈。

http：//www.ippanetwork.org

该网站为国际积极心理学协会（IPPA）的官方网站，旨在推动积极心理学的研究和实践，促进世界各地研究者的交流和合作。

http：//enpp.org

欧洲积极心理学会的官方网站，介绍欧洲的积极心理学活动。

http：//www.positivepsychology.org.uk

英国第一个积极心理学网站，提供积极心理学领域的论文、问卷、教育信息以及相关活动的新闻。

http：//www1.eur.nl/fsw/happiness/index.html

该网站由顶尖研究人员主持运行，持续登载关于生活主观幸福感的科学研究。

http：//www.authentichappiness.org

在真实的幸福网站上，你可以做许多积极心理学测试、问卷，该网站是免费的，但需注册。

http：//www.actionforhappiness.org

“争取幸福”是一个英国的运动，旨在推动社会的积极改变。

http：//pos-psych.com

积极心理学每日新闻将每日最新积极心理学动态发送给你。

http：//www.strengthsquest.com

通过盖洛普网站发现自己的职场优势，该网站上的问卷是收费的，但收费不高。

http：//www.uel.ac.uk/psychology/programmes/postgraduate/positive-msc.html

在该网站，你可以获得英国东伦敦大学应用心理学专业的最新资讯。

http：//psych.rochester.edu/SDT/index.html

介绍自我决定理论的网站，适合那些希望对自我决定论增进了解的人。

http：//www.centreforconfidence.co.uk

这个位于格拉斯哥的研究中心致力于传播积极心理学知识，你可以在该网站上找到积极心理学研究的综合概况以及相关资源。

http：//www.bus.umich.edu/Positive

积极组织学术研究中心的官方网站，为希望在职场应用积极心理学知识的人士提供多种资源。

http：//www.cambridgewellbeing.org

幸福协会是一个跨学科的项目，旨在推动、提高幸福研究的质量水平，将实验研究和一流的积极实践结合起来。

http：//www.cappeu.org

应用积极心理学中心是一家私人的咨询机构，主要关注优势研究，提供Realise 2问卷。

http：//www.neweconomics.org/gen/hottopics-well-being.aspx

新经济基金会旗下的幸福感项目，旨在推动制定相关政策，帮助人们过上更完满的生活。

http：//www.positran.co.uk

关于积极转变的心理学网站。是博尼韦尔博士的个人网站，上面列有其心理咨询活动信息和演讲信息。

当你听到“积极心理学”（或“幸福的学问”）一词时，你知道它指的是什么意思吗？

这本书极具可读性，能够帮助你更有意义地生活。特别是本书中关于爱的那一部分，简直应该被拿来作为学校教育的必学课程。我要为身边的每个人都送一本《笑得甜的人，运气都不会太坏》。

——露西·贝雷斯福德（Lucy Beresford），心理治疗师，电台主持人，《心理学》杂志“知心阿姨”

这本精彩纷呈的小书提供了许多科学证据，告诉人们幸福生活的秘方。读读这本书，学学如何让生活变得更美好吧！

——塞西莉亚·德费里斯（Dr Cecilia d’Felice）博士，心理顾问、杂志作者与专栏作家

现有最好的对积极心理学的概览介绍。

——亚历克斯·林利（Alex Linley）博士，英国莱斯特大学

“什么能令我们感到满足？”“幸福是美好生活的必备要素吗？”了解关于幸福、沉浸、乐观、动力、人格优势、爱的最新理念，学会如何将这些理念应用到你的生活中去。伊奥娜·博尼韦尔在本书中总结概述了关于最优表现、主观幸福的学问，深入浅出地介绍了贴近我们日常生活的积极心理学研究发现。

重新再版，本书新增以下实用内容：

- 改变你的心态
- 正念练习
- 提高适应力
- 提高工作中的幸福感
- 积极领导术

畅销世界各地，让你掌握热爱生活的简单方法。

伊奥娜·博尼韦尔是英国顶级的心理学家、心理教练以及教育咨询师，东伦敦大学应用积极心理学硕士课程创始人、积极转变项目（一项旨在提高人类积极性的社会事业）创始人，她还与别人合著了畅销课本《积极心理学》（2011）。

图书在版编目（CIP）数据

笑得甜的人，运气都不会太坏 /（英）博尼韦尔著；李磊译.—长沙：
湖南文艺出版社，2014.8
ISBN 978-7-5404-6794-4
Ⅰ. ①笑… Ⅱ. ①博… ②李… Ⅲ. ①普通心理学—
通俗读物 Ⅳ. ①B84-49

中国版本图书馆CIP数据核字（2014）第138163号

著作权合同登记号：图字18-2014-116

上架建议：励志/成功心理学

笑得甜的人，运气都不会太坏

作　　者：（英）伊奥娜·博尼韦尔
译　　者：李　磊
出 版 人：刘清华
责任编辑：薛　健　刘诗哲
监　　制：于向勇
策划编辑：杨清钰
版权支持：辛　艳
营销支持：刘　健
封面设计：仙　境
版式设计：李　洁
出版发行：湖南文艺出版社
（长沙市雨花区东二环一段508号　邮编：410014）
网　　址：www.hnwy.net
印　　刷：北京鹏润伟业印刷有限公司
经　　销：新华书店
开　　本：880mm × 1230mm　1/32开
字　　数：120千
印　　张：6
版　　次：2014年8月第1版
印　　次：2014年8月第1次印刷
书　　号：ISBN 978-7-5404-6794-4
定　　价：32.80元
（若有质量问题，请致电质量监督电话：010-84409925）

ILONA BONIWELL
POSITIVE PSYCHOLOGY IN A NUTSHELL
ISBN 978-033524720-2